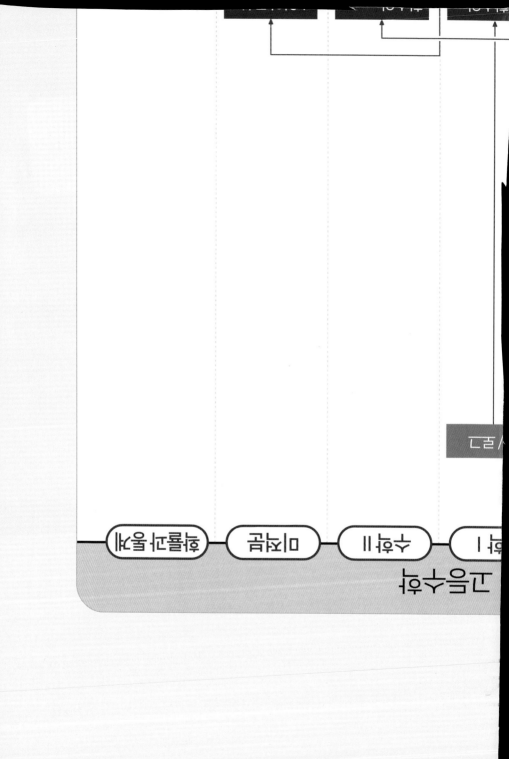

문서체계

추진여정

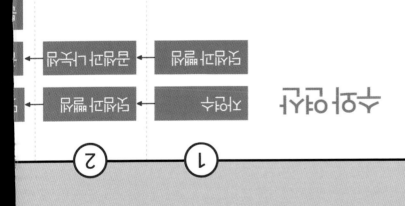

①

②

임수 규칙찾기

기하 여러가지 도형

확률과 통계

비교하기
시계보기 → 길이재기 →

분류하기

표와 그래프 →

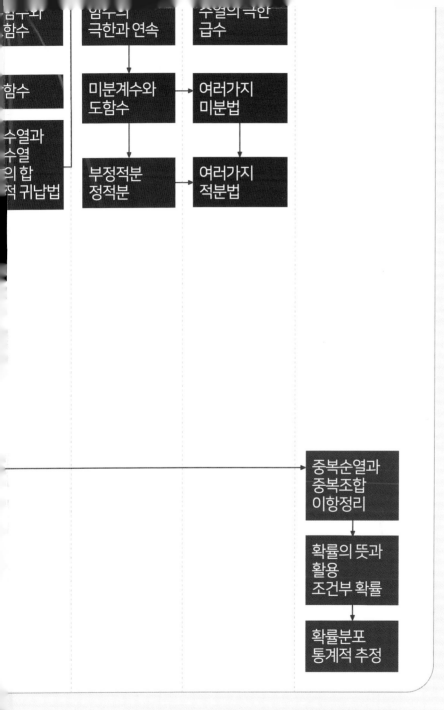

수업이 즐겁고 시험이 두렵지 않은

내신만점
수학 공부법

수업이 즐겁고
시험이 두렵지 않은

+ + + + + + + + + + + + + + +

내신만점
수학 공부법

주단 지음

지식너머

누구도 수포자가 되지 않는 세상을 꿈꾸며

36.5 / 46.2 / 59.7

〈2015 수학 교육과정 개정을 위한 학교 수학 교육 관련 설문조사 결과보도〉,
사교육걱정없는세상, 박홍근 국회의원

이 숫자들은 무엇일까요? 바로 이 시대, 대한민국 초/중/고
학생들이 스스로를 '수포자'라고 생각하는 비율입니다. 학생들은
물론 학부모님들조차 더 이상 낯설지 않은 이 단어는 영포자(영어
포기자), 학포자(학업포기자)라는 후속 용어를 만들어낸 '수학을 포
기한 자'를 칭하는 말입니다. 주관적인 답변인 만큼 실제로 수학
을 포기한 아이도 있지만, 잘하고 있는데 스스로의 목표치가 높아
수학을 포기했다고 대답한 겸손한 아이도 있고, 누가 보아도 포기

수준인데 본인은 아직 수학을 포기하지 않았다고 우기는 뚝심파도 있을 겁니다. 이런 오차를 감안한다고 해도 매스컴에서 흘러나오는 '고3 교실 60%는 이미 수학을 포기했다—잠자는 수학 교실'이라는 말이 자극적인 제목을 뽑기 위한 과장은 아님을 실감하게 하는 수치입니다.

물론 학업성취도가 높고 공부하려는 의지가 있는 학생들이 많은 학교에는 해당되지 않는 이야기이긴 합니다만 일반적인 학교의 수학 수업 풍경은 우리의 상상 이상으로 생기가 없습니다. 그리고 이런 상황 속에서는 제 아무리 열정이 넘치는 선생님도 지쳐갈 수밖에 없지요. 결국 선생님은 두 가지 중 하나를 선택해야만 합니다. 잠자는 다수는 포기하고 소수만을 위해서라도 열심히 수업하거나, 아니면 모든 수업 참여를 점수화하고 미참여시 제재를 가하는 등 학생들이 수업에 참여하도록 강제하는 제도를 만들거나. 전자는 선생님도 수포자는 포기하는 셈이지만 후자의 선생님에게는 '억지로라도 듣게 하면 수학을 포기하는 것을 포기하게 할 수 있지 않을까' 하는 희망이 있습니다. 하지만 과연 그것이 정말 근본적인 해결책이 될 수 있을까요?

우리 아이들은 도대체 왜 수학을 포기하게 될까?

　수학을 포기했다는 것은 '수학 점수를 잘 받는 것을 포기'했다는 의미이기도 하지만 동시에 '수학 공부 하는 것 자체를 포기'했다는 말이기도 합니다. 수학 공부를 하지 않는다는 것이 아이들에게 어떤 의미일까요? 싫어하던 과목을 안 하게 되니 마냥 편하고 좋기만 할까요? 아뇨. 그렇지 않습니다. 제가 그동안 만난 대부분

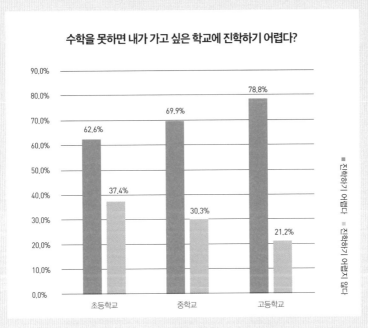

〈2015 수학 교육과정 개정을 위한 학교 수학 교육 관련 설문조사 결과 보도〉, 사교육걱정없는세상,
박홍근 국회의원

의 아이들은 수학을 잘하고 싶어했습니다. 비록 너무 어려워 포기하긴 했지만 수학을 못하면 결국 내가 가고 싶은 학교나 학과에 진학하지 못할 것이라는 불안감이 마음속에 강하게 남아 있었죠. 실제로 동일 조사에서도 우리 아이들은, 특히 고등학생에 가까울수록, 수학이 입시에 미치는 영향을 심각하게 받아들이고 있었습니다.

수학을 잘하고 싶지만 못하는 아이들은 두 가지 부류가 있습니다. 공부는 하지 않으면서 잘하고 싶은 욕심쟁이들, 그리고 잘하고 싶지만 제대로 된 수학 공부법을 알려주는 사람이 없거나 스스로 고민해볼 여력이 되지 않아 잘못된 방법에 시간을 투자하고 있는 아이들. 전자의 아이들은 '수학 공부 = 많은 시간을 투자해 어려운 공부를 하는 것'이라는 편견을 깨야 하고, 후자의 아이들은 '이해를 바탕으로 한 제대로 된 공부법'을 알아야만 합니다. 그런데 누가 그렇게 만들어줄 수 있을까요?

'무작정 1등급'은 현실성 없는 목표

아이들의 외모와 성격이 다양한 것처럼 각자의 수학 역량 또한 매우 다릅니다. 하지만 현실의 수학 교육은 모두 1등급을 향해 뛰게 만들죠. 정말 현실성이 없는, 아이들의 에너지를 갉아먹고 수포자를 양산하는 방식입니다. 저는 우선 '3등급'을 목표로 노력해볼 것을 권합니다. 아이들의 생각처럼 오늘날 대한민국에서는 '수학을 포기하는 것 = 문/이과를 막론하고 서울 상위 10개 대학의 입학을 포기하는 것'의 의미가 되었습니다. 수시 전형에서의 내신과 수능최저기준, 수능 정시 전형에서 수학 영역 점수는 최소한 3등급 이상이어야만 경쟁력을 갖출 수 있습니다. 물론 수학 점수야 고고익선高高益善이 당연합니다만, 3등급 이상만 된다면 (다른 과목을 상대적으로 잘한다는 가정 하에) 선택할 수 있는 학교와 학과의 폭이 훨씬 넓어진다는 의미입니다. 그리고 안정적인 3등급이 나올 때 아이들은 학습 과정 중 본인이 스스로 체득한 공부법, 성취로 인한 동기 부여를 바탕으로 2등급, 더 높게는 1등급으로 도전 목표를 상향 조정할 수 있습니다.

　그렇다면 3등급이 되는 것은 어떨까요? 쉬울까요? 이것 역시 비현실적일까요? 답은 '아이에 따라 다르다'입니다. 마음만 먹으면 할 수 있는 아이도 있지만 절대 불가능한 아이도 있습니다. 그리고 이 두 아이의 차이는 타고난 수학머리가 아닌 기초 역량의 유무에 있습니다. 그럼 이제 가장 중요한 질문, "지금 내 아이의 수학이 어떤지 잘 알고 계신가요?"

준비가 되어 있다면, 수포자에게도 기회는 온다

아이들이 수학을 포기하게 되는 때는 초-중-고를 거치면서 천천히 찾아오기도 하고 초등학교 시절(분수의 개념을 처음으로 배우는 초3, 이해가 안 가는 공배수, 공약수, 통분 등 산수가 아닌 구체적인 수학의 개념을 배우기 시작하는 초5 등) 고비처럼 찾아와 이후 지속되기도 합니다. 하지만 초등학교 때 갖추어야 할 수학의 기초 역량만 제때 준비된다면, 포기한 아이에게도 반드시 기회는 다시 옵니다. 지금 내 아이가 수포자가 아니기 때문에 안심하고 계신가요? 초등학생인데 중등 수학을 하고, 중학생인데 고등 수학을 공부하고 있다고요? 그걸로 내 아이 수학 공부가 제대로 되고 있다고 정말 자신할 수 있으신가요? 중학교, 고등학교 때 수학을 포기하게 된 아이와 부모님들도 초등학교 때에 본인이 또는 자신의 자녀가 나중에 수포자가 되리라고는 상상도 하지 못했습니다. 앞의 수치가 예고하듯 (50%를 훨씬 웃도는 확률로) 수포자는 바로 우리의 이야기일 수 있습니다.

이 책은 수년간 전국에서 제 강연을 듣고 공감하고 질문하고 실천했던 학부모님들을 위해 기획되었습니다. 그동안 저는 학부모님들께 교과 과정이 어떻게 변화해도 바뀌지 않는 수학 공부의 본질에 대해 강조를 해왔고, 제 강연을 아이에게 접목시켜보았다, 아이가 신기하게 수학 공부를 한다 등등 보람을 느끼게 해주는 사연들이 줄을 이었습니다. 하지만, 매스컴에서는 여전히 '기초학력 저하', '수포자' 이야기가 더 자주 들리고, 단기간에 특별한 방법(?)으로 성적을 올렸다, 선행은 빨리 할수록 무조건 좋다 같은 혼란한 시기를 틈탄 공포마케팅이나 주변 이야기에 휘둘려 그동안 잘 관리해온 학습 패턴들이 망가지는 안타까운 사례들도 많이 보았습니다. 그래서, 학부모이기에 당연히 흔들릴 수밖에 없는 그 마음들을 보듬고 올바른 방향으로 다시 나아갔으면 하는 마음으로, 이 책을 썼습니다.

1장은 학교에 입학하기 전, 초등학생, 중학생, 고등학생 시기를 거치면서 모두가 한 번쯤 맞닥뜨리게 되는 수학 교육에 대한 현실적인 고민들로부터 시작합니다. 연산, 선행, 학원 선택 같은 학부모로서 고민했던 교육 방식과 대안들이 정말 현실성이 있는지 현장 전문가의 이야기에 귀를 기울여보시기 바랍니다. 또한 같은 고민을 했던 선배들의 사례를 통해 우리 아이가 필요한 역량을 제대로 쌓아가고 있는지 살펴보세요. 좋은 성적을 얻어 원하는 대학에 진학하고자 하는 목표를 이루기 위해서는 우선 대한민국 교육 제도 및 입시 제도 하에서 '수학'이란 과목은 어떻게 아이들을 평가하고 있는지 이해해야 합니다. 이 책의 2장은 이처럼 부모들이 꼭 알아두어야 할 수학 공부의 선행 편이라고 보셔도 좋습니다. 책의 후반부에서는(이 책의 핵심 파트이죠) 진짜 수학 공부, 즉 효과적이고 현실적인 실전 팁들을 제공해드립니다. 이 책은 수학 공부의 목표를 이상적으로만 바라보지 않습니다. 실생활과의 접목으로 수학의 쓰임을 이해시키고 살아가면서 겪게 되는 문제들에 대한 해결 능력을 키워주어야 한다는 교육 이상에 맞게 수학과 함께 성장하는 법을 함께 고민하는 것은 물론, 보다 현실적으로 수학 성적을 잘 받기 위한 방법과 진학의 올바른 길도 제시합니다. 무엇보다 이렇게 배운 내용들을 아이와 함께 실천하면서 올바른 수학 코칭을 해낼 수 있게 해주는 실전 노하우가 가득 담겨 있습니다.

자, 여기까지 읽으셨다면 우선, (만일 지금 우리 아이가 수학을 두려워하거나 싫어하고 있다면 더욱이) 남들이 다 하니까 하는 식의 무분별한 선행과 심화는 잠시 멈춰주시기 바랍니다. 우리 아이는 학부모님이 이 책을 덮고 하나씩 실천하는 그 순간부터 지금까지 해오던 수학 공부와는 다른 수학의 세계로 가게 될 것입니다. 검증되지 않은 정보들과 특정 개인의 단편적인 경험에 의한 조언에 더 이상 일희일비하지 않으셔도 됩니다. 우리 아이를 제대로 파악하고 수포자가 되지 않게 이끌 수 있는 사람, 바로 여러분입니다.

차례

1장
+
미치도록 궁금하지만 아무도 답해주지 않는
엄마들의 수학 고민 7

2장

무엇을 배우고 무엇을 평가할까_
개정 수학 교육과정과 입시

3장

실력이 늘고 성적이 올라가는
'진짜' 수학 공부법

4장
÷
우리 아이에게 꼭 맞춘
성향별 추천 수학 공부법

5장

=

무적의 고교생을 위한
12년 수학 로드맵

부록

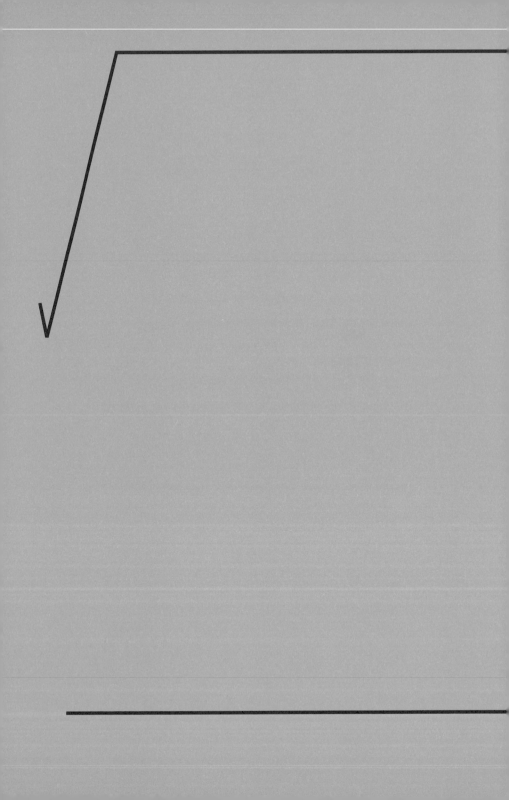

1장

+

미치도록 궁금하지만
아무도 답해주지 않는

엄마들의 수학 고민 7

부모가 자녀에게 직접 공부를 가르치는 일은 매우 어렵습니다. 제대로 가르치고 있는지 끊임없이 스스로를 의심해야 하고, 생각과는 다른 아이의 상태를 쉽게 받아들이지 못하는 부분도 있죠. '내 자식이 이렇게 못할 리가 없다'는 생각을 떨치기가 쉽지 않습니다. 수학이라는 과목을 가르칠 땐 더욱 그렇죠. 생활 속에서 자연스러운 습득으로 시작하는 엄마표 영어와는 달리 개념 이해에서 문제 풀이까지 '제대로' 배우는 것이 중요한 수학 과목의 특성상 좀 더 전문성을 요하기 때문인데요, 이런 여러 가지 이유로 대부분의 부모님들이 수학만큼은 전문가에게 맡기는 것을 선택합니다. 그 연장선상에서 수학 선생님의 자녀를 부러워하기도 하지만, 글쎄요. 제 주변의 수학 선생님들은 백이면 백, 자녀를 직접 가르치는 것을 피하는 쪽을 선택합니다. 아이가 스스로 공부하도록 유도하거나 다른 수학 교육기관에서 공부하도록 하죠. 이처럼 수학이란 과목에 한해서만은 전문적인 지식이 있는 사람도 내 자식을 가르치는 것은 쉬운 일이 아닙니다. 하지만 그렇다고 손놓고 보고만 있을 수 없는 게 부모 마음이지요.

수학에 자신은 없지만 초등학교까지만이라도 봐주고 싶다 생각하고 계신다면 우선 잠시만 멈춰주시기 바랍니다. 포기하라는 말이 아닙니다. 이 책을 끝까지 읽으신 후 제대로 시작해도 늦지 않는다는 이야기죠. 지금부터 그 이유를 말씀 드리겠습니다. 수학을 가르칠 수 있는 부모와 그렇지 않은 부모, 분명 두 부모간에는 차이가 있습니다. 우선 떠오르는 것은 (아이와의 관계적인 측면을 고려하지 않는다면) '수학 지식'의 유무겠지만 앞서 말씀 드린 수학 선생님들의 사례에서도 알 수 있듯이 현실은 그렇지 않습니다. 중요한 것은 '제대로 된 수학 공부(목적, 방법, 과정 등)에 대해 아느냐, 모르느냐'입니다. 그렇기 때문에 저는 수학을 전공한 옆집 엄마/아빠, 직접 공부해가며 아이를 가르치는 부모님보다 이 책을 끝까지 읽으시는 부모님이 아이를 더 잘 지도할 수 있다고 생각합니다. 우리 아이의 초중고 12년 수학 공부에 대한 모든 것을 여기에서 배우실 수 있으니까요.

그래서 이 책의 첫 번째 파트는 제가 전국 강연을 통해 만났던 학부모님들이 학년별로 가장 궁금해했던 질문에 대한 명확한 답을 드리는 것으로 시작합니다. 적어도 내가 잘 몰라 아이들이 시작부터 손해를 보는 것은 아닐까 걱정하시는 일은 없도록 말이지요. 현실적이라고 강조를 드리니 이렇게 말하는 분들도 있을지 모르겠습니다. "그래서 전문교육기관들이 있는 겁니다", "그냥 학원에 맡기면 알아서 다 해주지 않나요?"

물론 그럴 수 있습니다. 하지만, 우리가 수학 학습의 방향성을 제대로 알아야 아이를 위해 좀 더 좋은 판단을 할 수 있지 않을까요? 학원을 보내더라도 정말 우리 아이를 제대로 공부시킬 수 있는 학원을 선택할 수 있지 않을까요?

이 책을 집어 든 당신께 저는 그런 혜안을 선물하고 싶습니다.

미취학, 초등 저학년:
연산과 사고력 수학

초등학교 입학 전까지 부모님들이 가장 신경 쓰는 부분은 한글을 비롯한 언어 파트입니다. 다시 말해 미취학 아동기의 핵심은 예나 지금이나 국어, 영어, 독서 교육이라고 할 수 있는데요, 수학 전문 교육가인 저 역시도 그 부분을 강조하고 있는 이유는 초등학교 입학 후 아이의 학습 역량이 발휘되는 데 있어 교과서를 '읽고 이해'하는 것이 너무도 큰 영향을 미치기 때문입니다. 초등 1학년 때 배우는 '수학'은 난이도나 실력차를 논할 수준이 아니기 때문에 천천히 원리를 배운다는 마음으로 교과서를 읽고 이해하는 것이 중요합니다. 부모님들이 신경 쓰시는 연산의 능숙도 높이기나 그 이상의 학습은 학교에 입학하고 여름방학 때부터 시작해도 전혀 늦지 않습니다. 하지만 최근 입시와 중고등 교육과정에 있어 수학

과목의 중요성이 강조되고 있어서인지 좀 더 일찍 준비하고 싶어 하시는 부모님들이 많습니다. 이를 방증하듯 강연에 참석한 학부모님들도 연산 학습, 사고력 수학, 책 읽기와 수학 공부법에 대해 가장 궁금해하셨습니다.

초등 저학년 수학 공부의 양 축은 '연산 학습'과 '교구 활동'이라고 봐도 무방합니다. 1학년 교과서의 63% 정도가 연산과 관련된 단원들인 데다 구체물을 가지고 학습하는 단계이기 때문이죠. 그럼, (가장 많은 분들이 해주신 질문!) 이 시기의 연산 학습은 어떻게, 어디까지 해야 할까요?

연산 공부, 어떻게 해야 하나요?

저희 아이는 여섯 살 때 연산 학습지를 시작해서 아직 초등학교 입학 전이지만 구구단도 잘 외우고 아주 복잡하지 않은 곱셈과 나눗셈도 곧잘 하는 편입니다. 학습지를 보면 틀리는 게 거의 없어요. 저는 아이가 잘하고 있다고 생각하고 있고, 학교에 가면 분명 도움이 될 거라고 기대도 해요. 그런데 지금은 잘하고 있지만, 다음 단계는 어떻게 해야 할지 조금 고민입니다. 좀 더 빨리, 정확하게 푸는 연습에 초점을 둬야 할까요? 아니면 앞으로 진도를 쭉쭉 빼서 연산을 모두 끝내는 것을 목표로 할까요? 그리고… 연산 공부는 '연산 학습지'로 하는 거 맞지요?

　시대가 흘러 수학 교육 방식과 평가 제도가 모두 바뀌었음에도 불구하고 여전히 연산을 공부하는 방법은 부모 세대가 해온 것과 크게 바뀐 것이 없습니다. 학창 시절 〈눈높이 수학〉, 〈구몬 수학〉을 했던 부모님들은 지금도 자녀 연산 학습의 첫 교재로 '눈높이 VS 구몬'을 고민하죠. 초등 저학년 시기의 아이들이 연산을 도구 삼아 수학 공부를 규칙적으로 하는 것은 학습 습관을 키우는 좋은 방법입니다. 하지만 아이가 감당할 정도의 시간 또는 양을 학습하고 있는지, 단순 훈련이나 암기가 아닌 개념을 이해하면서 배우는 방식인지 되짚어볼 필요가 있습니다. 이 학습지들은 개념 이해보다는 개념을 충분히 이해한 다음의, 단계적 연습과 훈련의 용도로 개발된 것들인데요, 이러한 사실을 잘 모르는 학부모님들은 연산 학습지를 통해 아이가 반복 학습을 하며 개념을 이해할 것이라 기대합니다. 하지만 그 기대는 어긋나는 경우가 많죠. 왜 그런지, 아이들의 '나는 수학이 어려워'가 처음으로 등장하는 초등 3학년 1학기 과정의 '나눗셈의 기초' 문제로 예를 들어 보겠습니다.

● 빈칸에 알맞은 수를 써 넣으세요.

1) 2 × ⑤ = 10 ➔ 10 ÷ 2 = ⑤

2) 3 × ⑤ = 15 ➔ 15 ÷ 3 = ☐

3) 4 × ☐ = 20 ➔ 20 ÷ 4 = ☐

4) 5 × ☐ = 25 ➔ 25 ÷ 5 = ☐

5) 6 × ☐ = 30 ➔ 30 ÷ 6 = ☐

6) 7 × ☐ = 35 ➔ 35 ÷ 7 = ☐

이미 배운 곱셈의 원리를 응용하여 나눗셈의 개념을 이해할 것으로 기대하시는 문제입니다. 하지만 실제로는 많은 아이들이 맨 윗줄의 풀이를 보고 숫자를 이동시키는 '요령'을 파악하여 답을 냅니다. 그러고는 답이 맞았으니 그 개념을 안다고 착각합니다. 실력이 아니라 눈치로 문제를 풀어놓고 말이지요.

틀리는 문제가 없다면 부모님도, 학습지 선생님도 아이가 '잘 알고 있다'고 생각하고 다음 단계로 넘어가기 쉽습니다. 하지만 이런 학습 습관이 쌓이면 시간은 시간대로 투자되면서 아이는 정작 연산의 원리를 모르고 넘어가게 되는데요, 바로 이때가 연산 학습이 눈치/암기 학습으로 전환되는 순간입니다. 시간이 흘러 그 단계를 복습할 때가 오면(안 올 수도 있습니다만 그럼 사태는 더욱 심각해지죠) 암기했던 아이들은 연산 방법을 까맣게 잊고 있습니다. 그럼 반복 학습을 더 많이 시키면 되지 않겠냐고요? 물론 잊을 만할 때 다시 반복을 시킨다면 장기기억으로 가져갈 수도 있습니다. 하지만 아이들이 수학을 모두 암기하는 것이 과연 옳은 방법일까요? 아니 가능하기나 한 일일까요? 어릴 때야 암기해야 하는 것이 적어서 가능할지 모르지만 고학년으로 올라갈수록 수학을 포함해 공부해야 할 것들이 점점 늘어나는데, 애초에 불가능한 계획입니다. 그리고 이런 암기 연산 학습의 폐해가 잠복해 있다가 중학생이 되어서야 표면에 드러난다는 것도 문제죠. 나중에 후회할 일을 만들고 싶지 않으시다면 아이에게 지금 공부하고 있는 연산의 원리를 물어보세요. 답은 맞추면서도 왜 그렇게 계산하는지 설명하지 못한다면 아이가 헛공부를 하고 있다고 생각하셔야 합니다. 잘하고 있다는 착각, 우리 아이는 아닐꺼야라는 믿음, '학부모', 즉 학습 코치로서의 부모가 제일 먼저 버려야 할 생각입니다.

또한 이런 연산 학습지는 '많은 양을 반복하지 않아야' 합니다. 원리를 이해하고 있는 아이에게 똑같은 과정을 2,3권의 연산 문제집으로 반복하게 하는 것은 시간 낭비입니다. 문제집은 훈련의 도구로만 쓰여야 한다는 것, 1권을 풀어도 제대로 이해한 후 풀어야 한다는 것, 꼭 기억해두세요. 그리고 연산 학습의 목표는 속도보다는 '정확도'에 있어야 합니다. 연산 실력이 수학 자신감과 직결되는 초등 저학년 때도 마찬가지입니다. 초1, 2 교과서는 대부분의 단원이 연산과 관련이 있기에 계산을 잘하는 아이가 수학에 대한 자신감을 갖기 마련입니다. 하지만 그때 잘한다고 해서 쭉 잘한다는 보장은 없습니다. 오히려 잘하니까 더 잘하게 하려고 더 많이, 더 어려운 문제를 풀리려다 아이 기 꺾기 십상입니다. 게다가 중등 이후 수학에서는 복잡한 문제를 얼마나 빨리 계산하느냐를 확인하는 단순 연산 문제는 보기 힘듭니다. 문제를 푸는 도구로서 정확도가 중요해지고, 연산의 원리와 알고리즘을 이해하고 표현하는 것이 훨씬 중요합니다. 그러니 속도 좀 내자고 아이를 연산 기계로 만들지 말아주세요. 기계만 되면 좋겠지만 (사실 그것도 어려운 일이고) 수포자로 가는 지름길이 됩니다.

특히 현행 학습 진도보다 한참 앞서 진행되는 '초스피드 연산 선행'은 정말이지 말리고 싶습니다. 전국 강연에서 만난 한 어머님의 실제 질문입니다.

"초등학교 5학년인 저희 아이는 1학년 때부터 꾸준히 학습지를 풀고 있고, 지금 미적분 연산에 들어갔습니다. 선생님이나 아이가 해볼 만하다고 해서 잠자코 시키고는 있는데 아무리 생각해도 '이건 아닌 것 같다'는 생각이 계속 들어요. 그렇다고 그만두자니 섣불리 잘하고 있는 아이 발목 잡나 싶기도 하고, 선생님, 어떻게 해야 할까요?"

이분의 말을 듣고 제가 뭐라고 답했을까요? 짐작하시듯 "지금 바로 멈추게 하세요"라고 말씀 드렸습니다. 90% 이상의 확률로 그 아이는 현행 학습에 필요한 5학년 과정의 계산을 완벽하게 하지 못할 가능성이 높습니다. 미적분이 무엇이냐고 물으면 대답 못 할 가능성은 거의 100%고요.

연산 학습과 관련해 제가 당부 드리고 싶은 말씀은 이겁니다. 시중에는 정말 다양한 타입의 연산 학습지들이 있습니다. 그 학습지를 다 풀지 못했다고 큰 일이 나지는 않습니다. 또, 연산 공부를 꼭 이런 학습지로만 해야 하는 것도 아니고요. 어떤 학습 방식이건 맞는 아이와 그렇지 않은 아이가 있는데, 모두 똑같이 하고 있다? 이건 분명히 잘못된 일입니다. 연산 학습지를 풀지 않아도 잘하는 아이에게 왜 안 푸냐고 다그치는 경우, 반대로 꼭 필요한 아이에게 어설픈 주관으로 굳이 안 해도 된다고 지도하는 경우가 생기지요. 두 아이 모두 향후 수학 학습에서 큰 결손을 겪게 될 가능성이 높습니다.

그럼 어떻게 하는 것이 올바른 연산 학습일까요? 교재나 다른 엄마의 성공담에 주목하지 마시고 내 아이의 성향과 장단점에 주목하십시오. 아이의 성향을 파악하는 방법과 그에 따른 구체적인 로드맵은 책의 후반부에서 보다 구체적으로 말씀 드리겠습니다.

사고력 수학, 꼭 해야 하는 건가요?

저희 아이는 초등학생이 되기 전부터 지금까지 저랑 집에서 수학 공부를 해왔는데요, 2학년이 되니까 주변 아이들이 거의 사고력 학원에 다니네요. 고학년 엄마들 이야길 들어보면 필수라고 꼭 보내라고 하는 사람도 있고, 굳이 안 보내도 된다고 하는 사람도 있는데 저는 괜히 보냈다가 얻는 것도 없이 지금까지 잘 해왔던 공부 패턴이 깨질까 봐 두려워요. 아이들이 그 학원에서 뭘 배우는 건가요? 사고력 수학 공부는 집에서는 할 수 없나요? 반대로 괜히 우리 아이만 안 보냈다가 나중에 뒤처질까 봐 걱정이 되기도 합니다.

아이가 초등학교에 입학하기 전에는 연산 공부 때문에 고민하던 부모님들이 두 번째로 봉착하게 되는 난관, 바로 사고력 수학입니다. 해야 할까? 말아야 할까? 꼭 학원을 보내야만 할 수 있는 걸까? 사고력 수학이 무엇이길래 다들 저 난리인 걸까? 결론적으로 말씀 드리자면, 사고력 수학은 '초등 저학년 시기, 수학에 대한 흥미와 재미를 통해 수학에 자신감을 불러일으켜주는 데 목적이 있으시다면', 추천합니다. 마침 아이도 원하고, 다른 과목 공부와의 균형을 고려해봤을 때도 여력이 된다면 시켜보시는 것이 좋지요.

보통 저학년의 사고력 수학은 교구와 게임, 퍼즐 등으로 수학에 쉽게 접근하는 것에서 시작하여 점차 난이도를 높여 '문장제 문제 해결하기' 등을 배우게 되는데요, 교과 내용과 연결되는 부분도 있지만 교과 외 영역을 다루는 교재나 프로그램도 꽤 있습니다. 아이들은 사고력 수학 학습을 통해 수학적인 생각을 할 기회를 얻을 수 있고, 일정 수준 이상으로 올라가면 고난이도 문제들을 해결하는 방법도 배우게 됩니다. 그렇다고 해서 흔히들 생각하시는 것처럼 수학 영재들을 위한, 혹은 그렇게 만들기 위해 특별히 고안된 프로그램이 아니라 '즐겁게' 내가 아는 지식들을 동원해서 나만의 '수학적 생각'을 할 기회가 주어진다는 것이 포인트인 학습 방법입니다. 전문적인 학원에서 배워도 좋겠지만 저는 부모님도 얼마든지 아이와 놀면서 지도하실 수 있다고 생각해요. 왜냐하면 사고력 학원 중에도 '실력 있는 선생님들 + 좋은 커리큘럼'으로 효과적인 수업을 하는 곳이 있는가 하면 '교재 끝내기 + 줄 세우는 테스트'로 보여주기 식 수업을 하는 곳도 적지 않거든요. 이들 학원의 과도한 숙제와 빠른 속도의 수업은 아이의 수학 흥미를 빼앗는 주범입니다. 최근에는 가정에서 즐겁게 수학 공부를 할 수 있게 도와주는 사이트나 유튜브 영상들도 많고 사고력 수학 공부를 쉽게 할 수 있는 교재들이 시중에 많이 나와 있기 때문에 집에서도 얼마든지 공부할 수 있습니다.

만약 아이를 사고력 수학 환경에 노출시켰을 때, 생각보다 관심을 보이지 않는다면 과감히 패스하셔도 무방합니다. 교과 내용을 이해하고 일정 수준 이상의 성적을 받는 데 있어 사고력 수학이 필수는 아닙니다. 물론 아이가 영재교, 과학고 등에 진학하려는 목표가 있다면, 깊이 있는 수학 공부를 위해 사고력 수학 공부는 필요한 과정입니다. 수학에 재능이 있거나 수학적으로 생각하는 것을 좋아하는 아이라면 즐겁게 공부할 수 있다는 장점이 있고요. 하지만 사고력 수학이 하기 싫은 아이에게는 이 또한 부담이 되고, 과제가 되고, 암기가 되어 수학과 멀어지는 원인이 됩니다.

아이가 3학년 이상인데 사고력 수학 공부를 시작할까 고민인 부모님이시라면, 이때는 사고력 수학과 교과 수학의 균형을 맞출 수 있을지 먼저 살펴보셔야 합니다. 초등학교 3학년을 기점으로 교과 수학에서는 아이들이 상대적으로 어려워하는 나눗셈, 분수 등의 개념이 처음으로 등장합니다. 무엇보다 교과 개념을 제대로 배워야 하는 이 시점에 교과 외 부분을 함께 다루는 사고력 수학에 더 많은 시간을 투자하는 것은 결코 옳은 선택이 아닙니다. 초등 3학년 이후의 사고력 수학은 우리가 흔히 떠올리는 창의력 문제, 교구나 퍼즐 같은 접근보다 '교과 연계의 고난이도 문제 풀이'가 도움이 됩니다.

이렇다 보니 수학 공부에 열의를 가진 부모님들 사이에는 연산 – 사고력 수학 – 교과 수학을 각각을 분리해서 따로 학원을 보내고 여러 권의 문제집을 풀리는 것이 일반화되어 있습니다. 특히나 초등 저학년이라면 수학의 기초 '연산', 수학적 사고를 키워주는 '사고력', 학교 성적과 직결되는 '교과 수학', 모두 놓쳐서는 안 될 것처럼 느껴지니까요. 물론 모두 중요합니다. 하지만 아이에 따라서 우선순위가 다를 수 있고 또 달라야 합니다. 또한 저는 각각의 학습이 꼭 분리될 필요는 없다고 생각합니다. 아이들의 사고력 수학 문제집들을 직접 살펴보신 적 있으신가요? 만일 없으시다면 오늘 서점에 가서 꼭 한 번 살펴보세요. 저학년은 연산 문제가 조금 길고, 고학년은 문장형 문제 위주. 일반 문제집과 달리 한 페이지에 문제가 2~3개 정도밖에 수록되어 있지 않습니다. 저는 그 의도가 '주어진 문제를 천천히 읽은 후 문장을 수학적으로 이해하고 문제를 푸는 데 생각하는 시간을 충분히 갖게 하기 위함'이라고 생각합니다. 사고력 수학이 교과 외 부분을 다룬다고 해서 전혀 별개의 과목인 것은 아닙니다. 사고력 문제를 풀기 위해서는 무엇보다 교과 수학에서 배운 개념들과 정확한 연산이 필수이기 때문이죠. 굳이 관계를 도식화해서 표현하자면 옆의 그림과 같습니다.

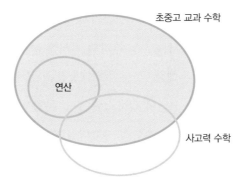

초중고 교과 수학

연산

사고력 수학

사고력 수학도 교과 개념과 연산 능력이라는 뿌리가 없다면 불가능합니다. 그러니 저학년이라면 연산에, 고학년이라면 교과 수학에 우선순위를 두고 좀 더 많은 시간을 투자하시는 것을 추천 드립니다.

사실 사고력 수학은 90년대 중반부터 시작된 영재원 입학 시험과 2000년대 중반 외고 입시 등에서 교과 과정을 넘어선 문제들이 출제되기 시작하면서 생겨났습니다. 이 어려운 문제들을 풀 수 있는 '수학적 사고력'을 기를 필요가 있다는 인식 때문이었죠. 공부 방법적으로 보자면 개념 및 원리와 사고력 중심의 학습 과정이고 형식적으로는 탐구형 문제이자 고난이도 문제라고 설명할 수 있습니다. 대입 제도의 개편으로 외고 입시의 광풍도 잦아들었고, 예전처럼 영재원 입학이 특목고 진학에 큰 영향을 미치지 않지만 아직도 사고력 수학의 붐은 사그라지지 않고 있습니다.

그 이유에 대해서는 수능 수학의 킬러형 문제 때문이라고 말하는 사람들도 있는데요, 수능 수학 1등급을 위해서는 21번, 29번, 30번과 같은 초고난이도의 소위 '킬러 문항'을 2개 이상 맞춰야 하는데 이 문제들이 수학적 사고력을 필요로 한다는 것이죠. 실제로 정답률 2~4%(2020학년도 수능 수학 (가)형 30번 문제 정답률 4.5%/ (나)형 30번 문제 정답률 2.1%)의 이런 문제들을 풀 수 있는 아이들은 어릴 때부터 수학적 감각을 가지고 있는, 정말 실력 있는 아이들이 맞습니다.

제가 지도해본 많은 학생들의 사례를 보아도 누구나 노력만 한다면 2등급까지는 가능합니다. 하지만 1등급을 안정적으로 받기 위해서는 노력 이상의 무언가, 즉 수학적 감각이 필요합니다. 그런데 이 수학적 감각이라는 것이 단기간에 만들어지는 능력이 아닙니다. 그래서 어려운 교과 수학을 배우기 전, 뇌가 말랑말랑한 초등학교 저학년 때가 수학적 사고력을 최대한 끌어올릴 수 있는 적기라고들 말하죠. 그리고 이런 말에 설득되시는 분들의 마음속에는 '수학적 사고력도 학원에서 만들어질 수 있다'라는 생각이 들어 있습니다. 반은 맞고 반은 틀렸습니다. 학원에 의해 만들어지는 아이들, 물론 있습니다. 하지만 이렇게 만들어지는 데 있어서도 저는 학원보다 가정의 역할이 더 크고 중요하다고 봅니다.

수학적 사고력, 즉 수학적 감각은 어릴 때부터 생활 속에서 얼마나 많이 수학적인 생각을 '해보았느냐'에 훨씬 더 많은 영향을 받습니다. 수학적인 감각은 논리의 흐름을 이해하고 적용해보는 과정에서, 숫자를 생활 속에서 다양하게 활용하는 연습에서 만들어집니다. 그래서 부모 자식 간의 일상적 대화가 매우 중요한데요, 부자연스럽게 공부를 시키기 위한 대화를 만들라는 말씀을 드리는 것이 아닙니다. 좀 더 쉽게 이해하기 위해 여기, 두 가족이 있다고 가정해보겠습니다.

첫 번째 가족은 학창시절부터 수학이 너무 싫고 두려웠던 부모님이 우리 아이는 그렇게 만들고 싶지 않다는 마음으로 아이를 사고력 학원에 보냈습니다. 아이는 길어야 하루에 2시간, 일주일에 3~4번을 학원에서 보내고 학원에서, 그리고 과제를 할 때만 수학이라는 환경에 노출됩니다. 집에서는 전혀 수학에 대한 생각을 하지 않습니다.

두 번째 가족의 부모님 역시 수학이 너무 싫고 두려웠지만 아이를 위해 집에서 같이 수학 공부를 하는 쪽을 선택합니다. 함께 공부하며 아이의 눈높이에서 대화를 나누니 엄마 아빠도 수학 공부의 재미를 느끼게 되었지요. 밥을 먹다가 아빠가 던지는 퀴즈 맞추기, 마트에 가서 엄마와 어떤 묶음을 사는 게 더 합리적인 선택인지 생각해보기, 일상에서 만나는 숫자와 문제 상황이 모두 아이에게 공부가 됩니다. 아이는 엄청난 수학 환경에 노출되고 있죠.

이 두 아이 중 과연 나중에 누가 더 수학적인 감각을 가지게 될까요? 답은 여러분들도 잘 아시리라 생각됩니다.

요즘 유행하는 수학 동화, 정말 효과가 있을까요?

초등 2학년인 저희 아이는 수학을 그렇게 좋아하지 않습니다. 매일 학습지를 2장씩 풀리고는 있는데 그냥 억지로 하는 느낌이에요. 하지만 이렇게라도 꾸준히 하면 좋지 않을까 해서 시키고는 있습니다. 최근 들어 문제가 하나 생겼는데요, 연산 문제집은 잘 푸는 아이인데 문제집에 자주 등장하는 문장으로 된 문제를 어려워합니다. 처음에는 제가 문제의 뜻을 설명해줬어요. 본인이 읽으면 이해를 못 하다가도 제 말을 들으면 또 '아~ 그렇구나' 하고 곧잘 풀어요. 한글에 문제가 있는 아이는 아닙니다. 오히려 어릴 때부터 한글 책을 엄청 좋아해서 많이 읽혔어요. 근데 왜 수학 문제는 이해를 못 하는 걸까요? 제가 봐도 독해력에 문제가 있는 것 같지는 않은데. 수학에서의 독해력은 한글 책 읽는 것과 또 다른 건가요? 이리저리 알아보다가 요즘 유행하는 수학 동화가 일반 한글 책보다 수학이랑 더 관련이 있을 것 아이들이 공부를 잘하기 위해서는 여러 기초 역량들이 필요하지만 최근 들어 가장 주목 받는 역량은 단연 '독해력'입니다. 예전부터 수학이라는 과목은 군더더기 없는 간결한 문제가 일반적이었고 답은 대부분 오지 선다형, 단답형 주관식 문제가 주였습니다. 하지만 2013년 2009 개정교육과정에서 스토리텔링 수학이 도입되고 2015 개정교육과정을 거치면서 수학의 문제 형식도, 답변 형식도 큰 변화를 겪었습니다. 이제는 국어 문제인지 수학 문제인지 모를 긴 '문장제 문제들'이 속속 등장하고, 서술형, 논술형 문제를 학교 중간/기말고사에서 만나기도 하죠. 단순히 식을 잘 풀고 단답형 답을 잘 맞춘다고 해서 좋은 성적을 보장 받거나 수학을 잘한다고 말할 수 없는 시대가 되었습니다. 그 결과 '아이가 문제를 제대로 못 읽어서 수학을 못한다'가 부모님들의 새로운 고민으로 떠오르고 있습니다.

간단한 예를 들어보겠습니다.

1) 곱셈을 이용하여 각각의 수를 구하고 수들의 합을 구하세요.

3×4, 2×2, 1×6

2) 달리기 경기에서 1등은 3점, 2등은 2점, 3등은 1점을 얻습
니다. 지영이네 반에는 1등이 4명, 2등이 2명, 3등이 6명 있
습니다. 지영이네 반의 달리기 점수는 모두 몇 점일까요?

위의 두 문제는 풀이과정과 답이 같은 문제들입니다. 연산을
기준으로 보자면 난이도의 차이가 전혀 없지요. 하지만 단순 연산
의 시기를 거쳐 문장제 문제를 처음 접한 아이들은 대개 이 둘을
전혀 다른 문제로 인식하고 두 번째가 더 어렵다고 느낍니다. 아
이가 문제를 잘 이해하지 못하고, 그러다 보니 어렵게 느끼고, 어
려우니 결국은 싫어하는 단계까지 가게 되면 대부분의 부모님은
'독해력이 부족하니 책을 더 읽히자'는 결론을 내립니다. 하지만
사례에서처럼 책을 좋아하고 자주 읽는 아이도 동일한 양상을 보
이는 것은 무슨 이유일까요?

만일 아이가 문장제 문제를 잘 이해하지 못한다면 다음 세 가
지 중 하나, 혹은 그 이상이 복합적으로 작용한다고 보시면 됩니
다. 첫 번째는 '어휘력'이 부족한 경우입니다. 다만 유념하실 것은
수학 문제 안에 들어 있는 어휘는 한 가지가 아니라는 것입니다.
다음 문제를 함께 보시죠. ● 로 표시된 부분과 ■ 로 표시된 부
분은 무엇이 다를까요?

엄마가 마트에서 1kg에 4,350원 하는 딸기 3kg과, 1kg에 2,530원하는 토마토 2kg을 구매했다. 엄마가 구매한 딸기는 토마토 약 몇 개의 가격인가? (몫을 반올림하여 소수 첫째 자리까지 나타내시오.)

⬤ 부분은 우리가 일상적으로 사용하는 어휘(일상 어휘)이고 ▨ 부분은 수학적 해석이 필요한 '수학적 어휘'입니다. 초등 저학년 아이들은 일상 어휘, 수학적 어휘 둘 다 부족한 경우가 많은데요, 아이가 일상적인 어휘도 잘 모른다면 이 경우 전반적인 독해력 증진을 위해 한글 책을 많이 읽혀야 합니다. 하지만 책을 많이 읽어서 기본 독해력이 있는 아이가 수학 문제 해석을 못한다는 것은 이 ▨ 부분, 즉 '수학적 어휘'가 부족하다는 이야깁니다. 다른 말로 '수학 개념'이라고 말할 수 있는데요, 이걸 모르면, 예를 들어 예시 문제에 있는 단어 중 '반올림'이 '근삿값을 구할 때 4 이하의 수는 버리고 5 이상의 수는 그 윗자리에 1을 더하여주는 방법'이라는 뜻(개념)을 모르면 답을 제대로 쓸 수 없습니다. 이런 아이에게 '독해력이 부족하니 책을 읽어라'는 것은 매우 잘못된 솔루션이지요.

저는 수학에서 이런 기본 개념의 중요성을 항상 강조하는데요, 실제로 공부 잘하는 아이들은 수학적 어휘를 매우 정확하게 이해하고(문제 해석) 표현할(풀이과정 및 답 제시) 줄 압니다. 예를 들어볼게요. 우리가 일상적으로 흔히 사용하는 '비례'라는 단어는 사실 수학 용어입니다. 아이들이 학교에서 정비례와 반비례를 배울 때, 두 어휘의 뜻을 아래와 같이 배웁니다.

정비례: x값이 증가함에 따라 y값도 증가하는 관계

반비례: x값이 증가함에 따라 y값이 감소하는 관계

그래서 '늘어나면 정비례, 줄어들면 반비례'라고 오해하기 쉬운데요, 이러한 오해는 특히 앞서 말한 개념 이해가 아닌 요령 파악으로 공부하는 습관이 든 아이들에게서 더 흔히 나타납니다. 예를 들어, 물이 가득 차 있는 수영장에서 1분마다 20리터의 물을 퍼내는 일을 한다고 가정해보겠습니다. 시간이 1분씩 증가함에 따라서 수영장에 남아 있는 물은 1분에 20리터씩 감소할 텐데요, 이때 시간과 줄어든 물의 양은 어떤 관계일까요? 시간의 증가에 따라 물의 양이 감소하였으니 반비례 관계일까요? 아닙니다. 시간이 2배, 3배, 4배로 변할 때 줄어든 물의 양도 2배, 3배, 4배로 변하기 때문에 시간과 줄어든 물의 양은 정비례합니다. 그런데 많은 아이들이 겉으로 보았을 때 증가하면 정비례, 감소하면 반비례

라는 잘못된 개념 때문에 엉뚱한 답을 적습니다. 선생님이나 아이들 본인이 잘 알고 있다고 생각한 문제를 갑자기 틀리는 것이 바로 이런 경우죠.

두 번째는 '문제 요약 능력'이 부족한 경우입니다. 예전에 비해 수학 문제의 길이가 정말 많이 길어졌습니다. 특히 실생활과 관련된 문제들이 많이 출제되기 시작하면서 문제의 조건이나 핵심을 파악하는 것이 아이의 수학 학습 능력에서 매우 큰 비중을 차지하게 되었지요. 그래서 저는 아이들에게 수학 문제도 '끊어 읽기'가 필요하다고 강조합니다. 문제의 배경을 설명한 부분은 문제의 식을 세우고 푸는 데 큰 영향을 미치지 않으니 넘어가도 좋다, 조건이 나오는 문장부터 하나하나, 조건이 나올 때마다 구분하여 옆에 식을 적는 연습을 하라고 조언하죠. 구체적인 예를 들어 보겠습니다.

정확히 기억할 것들

초속 70m로 지면에서 수직으로 쏘아 올린 물체의 t초 후의 높

식의 설명

이는 $(70t-5t^2)$m라고 한다. 이 물체가 처음으로 120m 높이의

조건1   조건2

지점을 지나는 것은 쏘아 올리고 나서 몇 초 후인지 구하시오.

구해야 할 것 t

풀이: 시간 t

높이 $(70t-5t^2)m=120$

$5t^2-70t+120=0$

이렇게 문제를 요약하고 나열하는 연습은 긴 문장형 문제의 서술형 답안을 쓰는 데에도 큰 도움이 됩니다. 조건들을 나열하고 연관 관계를 수식으로 서술한 후 풀이하면, 그게 바로 서술형 답안이 되니까요.

마지막 세 번째는 아이가 '문장제 문제 풀이에 익숙하지 않기 때문'입니다. 즉, 요령이 부족한 경우이죠. 세 가지 이유 중 가장 빠르게, 연습을 통해 해결할 수 있습니다. 다만 최근에는 문장제 문제집도 연산 문제집처럼 유형화된 반복 학습 교재들이 많은데, 저는 개인적으로 그런 문제집들은 추천하지 않습니다. 이 또한 아이들에게 유형을 암기하게 만들고, 새로운 유형을 만났을 때의 적응 능력을 현저히 떨어뜨릴 우려가 있기 때문입니다. 반복 학습보다는 처음에는 많은 시간을 투자하더라도 자신의 힘으로 도전해보고, 답안지를 보며 부족한 부분을 보충하고 또 축약해야 하는 곳들을 축약하는 연습(위의 예시 참조)을 하면서 자신만의 접근법을 찾아가도록 지도해주세요.

이처럼 문장제 문제의 해결을 위해서는 근본 독해력 외에도 수학적인 접근이 많이 필요합니다. 무작정 책을 더 읽어야 한다고 스트레스 주지 마시고 다각도로 관찰해보신 후 원인에 맞는 처방을 내리셔야 한다는 것, 다시 한 번 명심해주시기 바랍니다.

그럼 다시 수학 동화로 돌아와보겠습니다. '수학 동화'란 그림과 이야기를 통해 수학의 기초를 다지는 데 목적이 있는 아동용 도서입니다. 최근에는 만화의 형식으로도 많이 출간되고 있는데요, 이 책들은 크게 두 가지로 분류할 수 있습니다. 동화 작가들이 주로 써낸 '스토리텔링 중심 동화'와 수학 전공자이자 선생님들이 써낸 '주제 중심 동화'입니다. 집필진의 특성상 전자는 재미있지만 수학 이론은 비교적 얕고 간결하게 다루고, 후자는 수학 이론을 아이들의 눈높이에 맞게 스토리로 각색한 내용을 담고 있지만 지루하다는 평가를 받습니다. 아이들의 관점에서 보자면 스토리텔링 중심 동화는 동화책, 주제 중심 동화는 수학책이라고 인식하기 쉽죠. 그래서 학년이 어릴수록 스토리텔링 중심 동화가 더 적합하고 순차적으로 주제 중심 동화를 읽도록 지도하는 것이 좋습니다. 하지만 이 책들을 '읽었다'고 해서 수학 실력이 늘어나는 것은 아닙니다. 책을 읽고 거기서 끝낸다면 그냥 읽은 책 리스트에 1

권을 추가하는 것 외에 남는 것이 별로 없습니다. 수학 동화를 읽었다면 반드시 독후 활동이 병행되어야 하는데요, 수학일기 작성, 관련 영상 보기, 교과서 읽기, 문제 풀이, 문제 만들기 등 수학 동화를 읽은 후 할 수 있는 독후 활동의 종류는 다양합니다. 지필고사 세대인 부모님들께는 아직 익숙하지 않을 수도 있는데요, 학년별 추천 도서 리스트와 구체적인 활동 예시는 3장에서 좀 더 자세히 말씀 드릴 테니 꼭 함께 해주시기 바랍니다.

초등 3학년~4학년: 학원 선택과 자기주도학습

초등학교 3학년이 되면 아이들의 수학 공부는 추상적인 수를 다루는 수준으로 확대됩니다. 1,2학년까지는 연산과 간단한 도형 위주이기 때문에 부모님들도 비교적 쉽게 집에서 아이들의 수학 공부를 지도할 마음을 먹습니다. 하지만 3학년이 되면 아이가 어려움을 느끼는 것이 눈에 보이고, 또 최근 매스컴에 오르내리는 "초등학교 3학년 처음으로 수포자 등장"이라는 말은 부모님들을 긴장하게 만들기에 충분하지요. 대부분의 수학 학원이 초등학교 3학년 때부터 선행 과정을 시작하기 때문에 이 시기를 놓치면 학원의 정규 선행 과정을 따라잡기 힘들다는 '카더라 통신'까지 더해져 혼란은 더욱 가중되고 있습니다. 본격적인 수학 공부를 준비하는 과정에서 엄마표 수학과 학원을 위시한 사교육(이하, 학원으로 지칭)은 분명 각각의 장단점이 있습니다. 학원을 보냈다고 해서 '전적으로 학원에 모든 것을 맡기고 학습에 관여하지 않겠다'는 생각을 하고 계신 것은 아니겠지요? 학원을 선택하는 것도 부모님이 하셔야 할 학습 코칭의 일부입니다.

학원은 언제, 어떤 기준으로 보내야 하나요?

예비 초3이 되니 슬슬 불안해집니다. 그동안은 저랑 같이 집에서 하루에 30분씩 수학 공부를 했었어요. 매일 하니까 학기마다 문제집 한두 권은 틀린 것들까지 다 풀 정도라 여유 있게 하고 있는데, 주변 엄마들은 하나 둘씩 아이를 학원에 보내는 것 같아요. 초3부터 수포자가 나온다는데 이대로 괜찮을까요? 엄마 주관대로 하는 것도 좋지만 그러다 정작 학원이 필요할 때 선행 진도가 안 맞아 못 보낸다는 말들을 하니까 겁도 나고요. 저는 솔직히 선행, 많이 시키고 싶지 않거든요.

초등학교 3학년은 아이에게나 부모에게나 어려운 시기인 것 같습니다. 사실 지나고 보면 그저 지나가는 과정일 뿐인데도 부모에게는 아이가 더 이상 유아로 보이지 않는 시점이고, 아이의 입장에서는 또 제대로 된 공부를 시작하게 되는 시기이기 때문이지요. 3학년이 되면 아래 표에서 볼 수 있듯이 1,2학년에 비해 배우는 과목의 숫자도 많아지고 본격적인 교과 수업이 진행되는데요, 과목 수가 늘어나는 것은 물론 배우는 내용도 훨씬 많고 어려워집니다.

구분	교과목(군)
1~2학년	국어, 수학, 바른 생활, 슬기로운 생활, 즐거운 생활
3~6학년	국어, 사회/도덕, 수학, 과학/실과, 체육, 예술(음악/미술), 영어

수학에서도 복잡한 계산이 나오기 시작하는 시기여서 이 때문에 수포자의 최초 발생기라는 이야기가 나오는 것이지요. 〈수와 연산〉 영역만 하더라도 3학년이 되면 '세 자리 수의 덧셈과 뺄셈'부터 '곱셈의 고도화', '나눗셈 개념 알기', '분수와 소수의 이해'까지, 2학년까지 두 자리 수의 덧셈과 뺄셈, 곱셈을 배우던 것이 이제는 사칙연산의 모든 것을 배우고 더 많은 단위의 숫자들로 확장하여 계산하는 연습을 합니다. 그리고 분수와 소수라는 수 개념도 처음으로 익히게 되죠. 부모님들이 보기에는 여전히 기초적인 내용들인데 아이들은 어렵다고 하고, 또 지금은 그저 수학 문제를 푸는 것이 다가 아니라 풀이과정까지 전부 시험의 영역으로 들어

간다고 하니 학원 문제를 본격적으로 고민하지 않을 수가 없지요.

제가 직접 만나 뵌 부모님들은 이에 대해 대체적으로 다음 두 가지 의견이었습니다. 큰 아이를 통해 이미 초3 시기를 경험해보셨거나 주변 선배 맘들의 이야기를 많이 들으신 분들은 현실적인 근거를 들어 학원이 필요하다고 하시고, 아이가 첫 아이이거나 본인이 자기주도로 학원 도움 없이 잘하셨던 분들은 회의적으로 생각하시는 경우가 많으세요. 저는 지나친 학원 의존도 옳지는 않지만 무조건적인 지양 또한 경계해야 한다고 생각합니다.

아이들 중에는 학원이 필요한 아이들이 있습니다. 어떤 아이가 학원이 필요할까요? 우선, 학년을 떠나서 아직 스스로 (찾아서) 공부를 하지 못하고, 부모님께서도 물리적이든 심정적이든 도움을 주기 어려운 경우입니다. 학원은 단순히 학과 내용만 배우는 곳이 아닙니다. 학교와는 다르면서 또 비슷한 인간적인 교류가 일어나는 곳이고, 그 안에서 아이들은 여러 가지를 배우게 되죠. 대표적인 것이 목표, 자극, 공부법, 태도 등입니다. 아이가 자기주도학습을 하길 원하신다면 그 방법을 스스로 찾거나 배워야 하는데 저는 학원을 다니면서 그런 부분을 보충할 수 있다면 이 또한 긍정적이라고 봅니다. 학원을 다니는 것과 자기주도학습이 정반대의 공부법이라고 생각하시는 분들이 많지만, 사실 자기주도학습은 본인이 '주도'하는 학습을 말합니다. 학원을 다니지 않고 혼자

한다는 것이 아니라 학원을 다녀서 도움을 받을지 말지, 어떤 문제집을 풀고 어떻게 공부를 할지 본인이 결정한다는 의미죠. 자기주도학습을 하는 아이도 본인의 필요에 따라서 학원의 도움을 받을 수 있습니다. 물론 수업 듣고 과제하는 게 다라면 의미가 없겠죠. 배운 내용을 내 것으로 만들기 위해 그 이후 스스로 공부를 하는 것이 자기주도학습의 핵심입니다. 학원이건 인터넷 강의건, 학교 수업이건 마찬가지입니다. 보통 수업 듣기와 자기주도학습 시간의 이상적인 비율은 3:7로 봅니다. 3시간 배운 내용을 내 것으로 만들기 위해서는 7시간 정도가 필요하다는 의미죠. 학원 문제는 어떤 학원이 더 우수하냐가 아니라 아이가 그곳에서 무엇을 얻을 수 있는가를 먼저 고민하셔야 해결됩니다. 학습 진도 관리뿐만 아니라 학습 습관, 자극, 동기, 공부 방법까지 배울 수 있다면 경험해보는 것이 좋습니다. 다만 학원주도학습이 되지 않도록 그날그날의 학원 생활과 이후의 자기주도학습 상황을 모니터링 하시는 것, 잊지 마시고요.

처음으로 학원을 보내볼까 고민하게 되는 시기는 대개 초등학교 3학년을 앞둔 겨울방학인데요. 이때 타이밍을 놓치고 나중에 학원에 들어가려고 하면 '이미 초3 때부터 같은 반에 편성되어 선행 진도를 빼온 아이들과 같이 수업을 받을 수 없더라'는 이야기, 주변에서 많이 들어보셨을 겁니다. 그래서 그때를 대비해서 지금부터 학원에 보내야 한다고 말이지요. 하지만 이 말은 혹시 모를 나중의 일을 위해 지금의 소중한 시간을 허비한다는 이야기입니다. 당연히 옳지 않죠. 그런데도 왜 소위 '선행 진도'를 따라잡지 못할까 봐 걱정들을 하시는 걸까요?

많은 부모님들이 아이의 선행 진도가 곧 실력이라고 믿고 계시기 때문입니다. 체계가 없는 소규모의 학원에서는 학교처럼 다소 레벨이 달라도 같은 과정을 배우는 아이들을 묶어서 수업하는 경우가 많습니다. 처음 반을 만들 때는 아이들의 수준을 고려하여 비슷한 레벨의 아이들로 편성했겠지만 진도를 나가다 보면 선행 과정을 따라오지 못하는 친구들이 나오기 마련입니다. 그런데 주기적인 레벨테스트를 하지 않거나 테스트에 탈락한 아이들이 그만두는(같은 반에 있던 아이들과 다른 레벨에 속하는 것 자체에 자존심이 상한 일부 학생과 학부모) 일을 막으려고 처음 편성된 반 그대로 수업을 진행하는 경우가 있습니다. 그러다 보니 학교 성적이 좋지 않은 아이가 단지 선행 진도가 빠르다는 이유로 더 높은 레벨의 반에 속해 있는 일이 생기지요. 전형적으로 실력과 선행 진도가 따로 노는 경우입니다. 학교 시험은 '실수'라는 합리화, 우리 아이는 더 높은 학년의 공부를 하고 있다는 만족이 부모님들로 하여금 '선행 진도 = 실력'이라고 믿게 하는 원인입니다.

다른 아이의 선행 진도를 신경 쓰실 필요도 없고 우리 아이가 선행 진도와 맞지 않아서 들어갈 수 없는 반이라면 욕심 내지 않으셔야 됩니다. 무리해서 입학한들 얻을 수 있는 것은 짧은 시간의 프라이드 그 이상도 이하도 아니니까요. 선행을 빨리 시키고 싶지 않으시다면 '어쩔 수 없이 학원을 보내야 하나'를 고민하시기보다 언젠가 학원이 필요해서 보낼 때까지 기본 역량들을 잘 갖추도록 지도해주시면 됩니다. 준비된 아이라면 시작점이 좀 다르더라도 주기적인 레벨테스트를 통해 본인의 수준에 맞는 반에 편성되어 학원 생활을 잘할 수 있다고 믿으셔도 좋습니다.

그럼 학원이 필요할 때란 언제일까요? 첫째, '현행 심화까지 완벽하게 공부했으며 본인의 의지에 따라 체계화된 예습과 선행을 필요로 할 때'입니다. 실질적으로 선행이 필요하고 효과를 거둘 수 있는 최적기이죠. 둘째, '수학 개념과 문제에 대한 질문을 스스로 해결할 수 없어서 도움 받을 사람이 필요하지만 학교에서는 가능하지 않을 때'입니다. 학교 교육을 보좌하는 사교육의 순기능이 최적으로 발휘되는 시기입니다. 셋째, '제대로 된 학습 습관이 부재한 상태에서 가정에서 도저히 아이의 학습 지도를 감당할 수 없을 때'입니다. 마지막 경우에 대한 부연 설명을 드리자면, 한 가정의 부모가 많으면 3명 정도의 자녀 교육을 경험하는 것에 반해 전문 학원의 선생님들은 또래 아이들을 한 번에 30~100여 명 이상, 매해 지도합니다. 이분들은 아이들을 학습은 물론 심리까지 잘 케어할 수 있는 전문가입니다. 3번과 같은 문제가 있을 때에는 아이와의 갈등이 깊어지기 전에 전문가의 도움을 받는 것도 방법입니다. 학원을 포함한 구체적인 사교육의 종류와 장단점, 추천하는 아이의 유형, 선택 기준은 5장 〈무적의 고교생을 위한 12년 수학 로드맵〉에서 좀 더 자세히 다뤄보겠습니다.

초등 고학년, 예비 중학생: 중등 선행, 그리고 수학 공부의 속도

5학년 수학은 '초등 수학의 꽃'이라고 불립니다. 아이들이 가장 어려워하는 내용들을 많이 배우고, 또 그것들이 실제로 가장 중요한 내용들이기도 하지요. 5학년 과정은 중학교 1학년 과정과 연결되는 부분도 많고, 또 시기상으로 중학교 입학을 1,2년 앞두고 있다 보니 본격적인 중등 수학 선행에 대해서 진지하게 고민하게 되는 때이기도 합니다. 중학교 선행을 언제부터 어떤 방법으로 해야 하는지, 주의해야 할 것은 없는지 많이들 궁금해하시지요. 선행의 효과는 그 학년이 되어서야 확인할 수 있고, 초등학교 5학년 때 한번 올라타면 앞으로 고3까지 이 선행열차는 멈출 수 없습니다. 때문에 부모의 교육철학과 신중한 선택이 무엇보다 중요한 시기입니다.

선행 학습, '언제부터, 어디까지'가 정답인가요?

초5 맘입니다. 요즘 매일의 고민이 아이 수학 선행 문제입니다. 지금 보내고 있는 학원은 선행을 좀 천천히 하자 주의여서 아이가 잘 적응하며 따라가고 있습니다. 그런데 친한 엄마가 말하길 그렇게 천천히 하면 나중에 고등 수학을 너무 늦게 한다고 좀 속도를 내는 학원에 보내야 한다는 거예요. 제가 잘 못 따라가면 어떡하냐고 하니 아이들은 어차피 여러 번 반복해야 잘한다면서 반복할 시간을 주려면 빨리 진행해야 한다고 하네요. 아이도 친구들이 벌써 한참 전에 중학교 선행 시작했다는 이야길 듣고 좀 조급해합니다. 저희 아이는 지금 한 학기 정도 선행을 하고 있는데 심화까지는 좀 무리라고 해서 응용 정도로 공부하고 있거든요. 물론 학교에서 보는 단원평가에서는 항상 '매우 잘함'으로 성적을 받아옵니다. 우리 아이도 속도를 좀 더 내야 할까요?

제가 전국 강연을 다니면서 가장 많은 학부모님에게 받은 질문이 수학 선행 학습과 관련된 것이었습니다. 지금 하고 있는 선행이 적절한지부터 선행 학습으로 인해 발생한 개인적인 문제까지 일일이 열거하기 힘든 다양한 질문들이 있었지만 공통점이 하나 있었는데요, 바로 '수학은 선행 학습 없이는 힘들다'를 가정하고 하시는 말씀들이었다는 겁니다. 미리 말씀드리지만 저는 선행 학습이 무조건 필요하다고 생각하는 사람은 아닙니다. 현실성 없는 이야기 같다고요? 그럼 먼저 현실적인 이야기를 해드리지요. 먼저 무엇이 선행 학습인지, 그 기준부터 짚고 넘어가겠습니다. 일반적으로 한 학기 정도의 선행은 '선행'이라는 단어를 쓰지 않습니다. '예습'이라고 하죠. 선행은 적어도 1년 이상의 앞선 과정을 공부하는 것을 지칭합니다. 그러니 좀 더 명확하게 이야기하자면 저는 '한 학기 정도의 예습은 필요하다'고 생각하는 사람으로 이해해주시면 좋을 것 같습니다. 물론 이 기준은 일반적으로 지난 과정에 대해서 어느 정도 기억하고 복습해온 학생에 해당되는 내용입니다. 학생들 중에는 선행 학습은 당연히 요원하고 후행 학습을 집중적으로 해야 하는 학생도 있고, 능력과 지적 호기심이 탁월하여 1년, 2년 선행이 가능한 학생도 있습니다. 제가 말씀 드리는 것은 어디까지나 일반적인 아이의 기준으로서, 우리 아이가 선행을 어떻게 해야 할지 생각해보는 계기를 마련해드리기 위함입니다. 선행의 시작과 속도는 우리 아이의 '그동안의 수학 공부와 성적'에 초점을 맞춰 개인화하셔야 한다는 점 꼭 기억해주세요.

그렇다면, 아이들 선행 속도의 평균은 얼마일까요? 조사에 의하면 교육특구 지역에서는 평균 4년, 많게는 7년의 선행을 하는 아이들도 많다고 합니다. 이런 말씀을 하시는 어머님도 계셨습니다. "제 지인은요, 영재교 준비에 여섯 살이면 너무 늦었다는 소리를 들었어요." 아이들도 말합니다. "선생님, 유튜브에서 공부의 신들은 '선행은 한 학기만 하는 것이다'라고 하던데, 말이 안되잖아요. 그 사람은 원래 똑똑한 사람 아니예요?" 12년의 학습 스케줄을 펼쳐놓고 실제 선행이 이루어지는 현실의 이야기를 전하는 제 강연을 듣고 고개를 끄덕이는 모습들도 수 차례 목격했지요.

지금 대한민국의 수학 교육은 '선행 학습' 한마디로 표현될 만큼 '진도 빼기'에 과열되어 있습니다. 답도 없고 대안도 없이 뭐라도 남겠지, 안 하고 후회하는 것보다 하고 후회하는 것이 낫다는 부모 마음을 연료로 질주하는 선행열차. 도대체 우리 아이들은 왜 그렇게까지 선행에 쫓겨야 하는 걸까요?

답답한 마음을 가라앉히고, 먼저 앞서 말씀 드린 현실적인 이야기를 해보려합니다. 우리 아이들이 실제로 배우는 수학 교과의 양과 난이도를 반영한 체감 수학 공부 분량을 대략적으로 도식화하면 아래와 같습니다.

초등 ★
중등 ★★★
고등(문과) ★★★ ★★★ ★★★
고등(이과) ★★★ ★★★ ★★★ ★★★ ★★★ ★★★

중등이 초등의 3배, 고등 문과가 중등의 3배, 고등 이과가 고등문과의 2배의 부담이죠(2015 개정교육과정에서는 문이과의 구분이 없다고는 하나 문과형 필수 선택과 이과형 필수 선택을 포함했을 때의 양을 가정했습니다).

또한 많은 수의 실제 고등학교 이과 교실에서는 고2 때 아래와 같이 집중 수업이 진행됩니다.

2015 개정교육과정 하의 고등 수학 교과 커리큘럼 예시

	고1	고2	고3
정규 수학 교육과정	수학	수학I, 수학II, 확률과 통계	미적분, 기하
고등학교 현장	수학	수학I, 수학II, 확률과 통계, 미적분, 기하	EBS 연계 교재, 수능 기출

교육과정 상 고2와 고3으로 배분된 학습량이 실제로는 고2 교실의 부담으로 몰리고 있는 것인데요, 고3이 되면 많은 학교에서 EBS 연계 교재와 수능 기출문제 풀이가 진행되기 때문에 그 시간을 확보하기 위한 어쩔 수 없는 선택입니다. 게다가 수능 정시 비중이 조금씩 높아지는 추세에 있기 때문에 EBS 연계 교재와 수능 기출 풀이의 중요도는 앞으로 더 커질 가능성도 있습니다. 또

한 이과에서 수학은 단위수(한 개의 반에서 일주일에 편성된 수업의 개수)가 절대적으로 높기 때문에 내신 시험에서도 수학 과목은 어느 하나 버릴 수 있는 것이 없습니다. 특히 이과에서 내가 원하는 좋은 대학에 가기 위해서는 내신 수학과 수능 수학 두 마리 토끼를 모두 잡아야 하는 버거운 현실이 예정되어 있는 것이지요.

이쯤 되면 고등 수학을 잘 모르셨던 학부모님들조차도 '고2 내신의 부담을 덜기 위해서라도 빨리 고등 수학을 시작해야겠구나'라고 생각하실 겁니다. 그런데 수학은 위계가 있는 학문이어서 고등 수학을 제대로 이해하기 위해서는 중등 수학 기초가 필요하고, 또 중등 수학을 이해하기 위해서는 초등 수학의 기초가 필요합니다. 그런 식이라면 지금 초등학생인 우리 아이도 조금이라도 빨리 초등 수학을 끝내고 순차적으로 중고등 수학을 해야 유리하다는 계산이 나옵니다. 실제로도, 제가 만난 대부분의 학부모님들은 이런 이유로 아이의 선행이 필수라고 생각하고 계셨습니다. 저도 이런 현실적인 이유라면 (예습도 선행의 범주에 넣는다면) 어느 정도는 동의합니다. 그런데 정작 이 모든 괴로움(?)을 견뎌야 하는 우리 아이들은 어떨까요?

저에게 중학교 1학년의 수학 공부 로드맵을 물어보시는 학부모님께 많은 학원에서 채택하고 있는 선행 진도표 샘플을 보여드린 적이 있습니다.

	겨울방학	1학년 1학기	여름방학	1학년 2학기	겨울방학	2학년 1학기
중학교	1-1 개념	1-1 심화	1-2 심화	2-2 개념	2-2 응용	2-1 심화
	1-2 개념	2-1 개념	2-1 응용	3-1 개념	3-1 응용	3-2 개념
	(특강)		(특강)		(특강)	
	여름방학	2학년 2학기	겨울방학	3학년 1학기	여름방학	3학년 2학기
	2-2 심화1	2-2 심화2	3-1 심화1	3-1 심화2	3-2 응용	3-2 심화
	수학 상 개념	수학 상 응용	수학 하 개념	수학 하 응용	수학1 개념	수학2 개념
	(특강)		(특강)		(특강)	

이 진도표에 의하면 중학교 2학년 여름 방학 때 처음으로 고등 수학을 공부하는 이 학생은 중등 수학 공부를 학기마다 최소 2회, 2학년 2학기 과정은 개념부터 심화까지 총 4번이나 반복 학습하게 됩니다. 고1 수학도 고등학교에 입학하기 전까지 2번 정도 반복하네요. 이처럼 동일 과정을 개념과 응용, 심화라는 이름을 붙여 여러 번 반복하는 이유를 아십니까? 바로 '어려워서 제대로 이해하거나 기억하는 아이들이 별로 없기 때문'입니다. 이것이 제가 과도한 선행이 필요하지 않다고 이야기하는 이유입니다.

선행은 상위 20%의 아이들에게만 필요합니다. 그것도 적당한 수준으로요. 또한 선행은 깊이가 매우 중요합니다. 하지만 대다수의 아이들이 하고 있는 빠른 속도의 선행은 깊이를 가지고 있을 리 없습니다. 생각해보세요, 중등 수학과 비교했을 때 체감상으로 10배나 어렵다고 느끼는 고등 수학을 중등 수학을 공부하는 것과 비슷한 시간을 주고 학습하도록 한다는 것은 가장 기초적인 내용만 배우고 넘어간다는 뜻입니다. 실제로 고등 수학을 여러 번 반복했다는 아이들의 진짜 실력을 들여다보면 그 깊이가 깊지 않습니다. 학원 교재로 쓰였던 문제집의 답과 풀이과정은 다 외울 정도가 되어도 학교 시험 성적은 장담할 수 없습니다. 이것이 바로 지금 일어나고 있는 빠르고 반복적인 (누구나 하고 있는) 선행의 실체입니다. 저도 현장에서 고1 과정을 5번이나 배웠다는 학생을 만난 적이 있습니다. 중간고사를 한 달 앞둔 시점이었는데, 문제집은 곧잘 푸는 아이가 수업 시간 중간에 제가 묻는 기본적인 개념에 대한 대답은 거의 하지 못하는 것을 보고 놀랐던 기억이 납니다. 그 학생은 중1 때부터 고등 수학을 시작했다고 했고, 시중에 있는 거의 모든 고1 수학 문제집을 풀어봤다고 하더군요. 결국 제가 수업을 담당하지는 않았지만 나중에 듣게 된 이야기로는 중간고사 수학 시험을 망쳤다고 합니다. 물론 정형화되지 않은 어려운 시험으로 유명한 학교이긴 했지만, 중학교처럼 문제은행식으로 내신 시험 대비를 했다가는 절대 성적이 나오지 않는다는 것을 다시 한 번 확인하게 된 사례였습니다. 그 학생이 인상적이었던 또 다른 이유는 수업 태도가 매우 나빴기 때문인데, 그건 아이의 성품 문제가 아니라 '안다'라는 착각 때문이었습니다. 개념을 물어보았을 때, 또는 문제 풀이과정을 물었을 때 제대로 설명할 수 없다면 아는 것이 아닙니다. 많은 아이들이 단지 여러 번 '보았다'는 것을 '안다'고 착각합니다. 그 결과, 수업 시간엔 집중력이 떨어지고 시험 때는 '아는 문제'를 틀립니다. 선행에 적합하지 않은 아이들이 자신의 능력에 맞지 않는 선행을 너무 일찍, 빠르고 반복적으로 할 때 나타나는 전형적인 폐해이지요.

그럼 어떤 선행이 좋은 선행일까요? 저는 '깊이 있게 천천히'가 정답이라고 생각합니다. 또한 '가장 빠른 길'이라고 자신합니다. 그런데 주변 상황이 아이들과 부모님들을 가만두지 않지요. 그래서 부모님의 교육철학이 가장 중요합니다. 옳다고 믿는다면 끝까지 흔들리지 않고 아이를 이끌어가야 하니까요. 위에서 고등 수학 선행을 위해서는 중등 수학이, 중등 수학 선행을 위해서는 초등 수학이 필요하다고 말씀드렸죠? 제가 빠른 길로 가는 방법을 알려드리겠습니다. 유형 중심이 아닌 개념 연결 중심으로 공부하면 됩니다. 그리고 선행을 이해할 수 있을 정도의 현행 심화와 스스로 부족함을 메꿔갈 수 있는 자기주도학습 역량이 반드시 뒷받침되어야 합니다. 어떻게 보면 이 책의 핵심 내용이 여기에 있다고 해도 과언이 아닙니다. 대한민국의 현실 수학 교육은 수학 학습 목표의 본질을 잃고 선행 학습에 경도되어 있습니다. 하지만 2015 개정교육과정과 고교학점제 등 변화하는 교육 제도는 아이들의 실제 실력을 평가하는 '과정평가' 중심으로 바뀌어가고 있습니다. 우리 아이들이 수학 공부를 하면서 낭비하는 시간 없도록, 후회와 절망을 겪지 않도록 부모님께서 중심을 잡고 이끌어주셔야 합니다. 먼저 이 책의 모든 내용을 꼼꼼히 읽으시고 아이와 실제로 실천해보세요. 이 책 전체가 올바른 선행 학습을 중심으로 진짜 실력을 쌓아가는 우리 아이 수학 교육의 솔루션입니다!

중학교 1~3년, 예비 고등학생: 시험 관리와 사춘기

수학 학습의 기초 역량을 키우는 초등학교 시기를 지나 이제 우리 아이들은 중학생이 되었습니다. 그리고 드디어 엄마표 수학을 했던 아이도, 학원을 다녔던 아이도 처음으로 객관적인 '시험 점수'를 받아 드는 때가 다가옵니다. 요즘은 잘 아시는 것처럼 중학교 1학년을 자유학기제(한 학기), 자유학년제(1년)로 지정하고 과정평가와 관찰평가 중심의 수행평가로 아이들을 평가하고 있습니다. 물론 초등학교에 비해 배우는 과목도 많아지고 수업 시간의 길이도, 학교에 머무는 시간도 더 길어졌지만 시험이 없기 때문에 아이들은 초등학교와 큰 차이를 느끼지 못하고 학교에 다닙니다. 그래서 중학교 1학년을 초등학교 7학년이라고도 하는데요, 그러나 이 중학교 1학년 시기를 어떻게 보내느냐에 따라 이후 아이

1장   미치도록 궁금하지만 아무도 답해주지 않는 엄마들의 수학 고민 7

들의 성적 및 로드맵이 결정된다고 해도 과언이 아닙니다. 더불어 사춘기라는 커다란 변수 때문에 가정에서는 특별한 주의가 필요한 시기이기도 합니다. 앞서 밝혔듯이 저는 과도한 선행을 추천하지 않습니다. 초등학교 때에는 각 학년에서 꼭 배워야 할 내용들을 깊이 있게 공부하고, 초등학교 6학년 때 지난 6년간의 수학 학습을 되돌아보며 부족한 부분을 후행 학습 하는 것이 중요하지요. 하지만 아이들에 따라서는 시간이 더 필요한 경우도 있어서, 이럴 경우에는 조금 여유롭게 중학교 1학년까지 초등학교 과정을 단단하게 다지고 중등 수학을 예습하는 시기로 삼기는 것도 좋습니다. 이 시기를 지나 진짜 시험을 보게 되는 중학교 2학년이 되면 부모님들의 고민이 다시 시작되는데요, 지금부터는 그 중등시기의 고민들을 함께 살펴보겠습니다.

자율학기와 첫 시험, 어떻게 대비해야 할까요?

중1 맘입니다. 요즘 학교에서 수학 수업을 어떻게 하는지, 시험이 없다 보니 아이의 현재 수준 파악이 어렵습니다. 수행평가는 하고 있고, 성적이 기대보다 안 나오는데 아이는 과제고 발표라서 그렇다며 잘하고 있다고, 학원 시험 성적 보면 모르겠냐 합니다. 나 잘한다고, 믿어달라고 하는데 저는 솔직히 저희 아이 안 믿습니다. 학원에 상담을 가보면 남자 아이라 수행점수가 안 나올 수 있다고 주간 테스트 해보면 성적이 제법 잘 나오니 걱정하지 말라고 하는데도 왜 이렇게 걱정이 되는지 모르겠어요. 내년이면 중2고 이제 진짜 시험을 보고 성적이 나올 텐데, 지금 수행 성적이 만족스럽지 않아도 지필고사는 또 다르니 아이 말을 믿고 기다려야 할까요? 제가 조금 과민한 것 같기도 합니다.

불안하시다면 직접 아이의 실력을 평가해보는 방법을 추천합니다. 먼저 우리 아이 학교의 기출 시험지를 구해보세요. 자유학기/학년제에서는 시험을 보지 않으니 그 이전의 기출 시험지일 겁니다. 학교 홈페이지에 올라와 있는 경우도 있고, 또는 족보닷컴(http://www.zocbo.com/) 같은 기출문제 공유 사이트를 통해 유료로 다운로드 받을 수도 있습니다. 만일 우리 아이 학교의 기출 시험지를 구할 수 없다면, 같은 지역에 있는 다른 중학교나 (조금 높은 난이도 시험지를 구하고 싶다면) 강남권 중학교의 기출 시험지를 검색해서 다운로드 받으시면 됩니다. 이렇게 준비된 시험지를 가지고 '평소 실력'으로 테스트를 해봅니다. 보통 중등 아이들의 내신 대비 기간은 3주인데요, 그 기간 동안 시험 범위 안의 개념과 문제 풀이를 다시 점검하고 실전 대비까지 합니다. 당연히 학교에서 배운 내용을 그때그때 복습해야 하지만 대부분의 아이들은 평소 복습이 되어 있지 않지요. 그래서 사실 내신 대비를 할 때도 매번 시작할 때 내가 부족한 부분이 어디인지를 점검하고 계획을 짤 수 있도록 기출 문제를 먼저 풀어보는 것이 좋습니다.

다시 사례의 경우로 돌아와보죠. 일단 구한 기출 시험지를 내신 대비가 전혀 되어 있지 않은 평소 상태로 테스트합니다. 분명 점수가 많이 실망스러우실 겁니다. 어디까지나 평소 실력이므로 그 점수보다 실전에서는 10~15점 정도 성적이 오를 것을 감안하고 봐주세요. 이렇게 나온 시험 결과를 가지고 실제 우리 아이 수준을 가늠하시면 어느 정도 믿을 만합니다. 조금 더 객관적인 결과를 원하시면 난이도가 조금 다른 2개 학교 정도의 내신 시험지로 비교 판단해보실 수도 있습니다. 이 방법은 시험이 없는 중학교 1학년만이 아니라 이후의 과정에서도 시험 기간 시작 전, 평소 실력을 가늠하는 방법으로도 유용하게 사용할 수 있습니다.

아이들에게 중학교 2학년 첫 중간고사는 매우 중요합니다. 지금까지 공부해왔던 기간에 대한 평가이기도 하고, 앞으로 어떻게 공부해야 할지 방향성을 제시하는 시험이기 때문이죠. 학원에 다니는 아이들은 이 중학교 2학년 첫 중간고사 시험에 대비해 강도 높은 훈련을 받기도 하지요. 그런데 저는 학부모님들에게 중학교 시험 결과에 일희일비하지 마시라고 말씀 드립니다. 하지만 아이들에게는 일희일비해야 한다고도 이야기하죠. 무슨 이야기냐고요? 이 시험으로 아이의 대학이 결정되는 것은 아닙니다. 고등학교 내신은 앞으로도 입시에 있어 매우 중요한 역할을 할 테지만 중학교 내신은 특목, 자사고를 지원하는 일부 아이들이 아니라면 대학 가는 데 전혀 영향을 미치지 않기 때문이죠. 하지만 시험 성적을 잘 받든 못 받든 시험에 대한 리뷰는 반드시 이뤄져야 합니다. 그래서 부모님들께는 감정적이 되지 말고 냉정하게 결과를 분석해보십사 당부 드리는 것이고 아이들에게는 시험 결과가 제시해주는 로드맵을 수행할 긴장감을 갖도록 독려하는 것이지요.

초등학교 때 아이가 수학 공부를 하는 것을 지켜보면서 가장 답답한 게 무엇이셨나요? 위 이야기처럼 지금 우리 아이가 어느 정도 수준인지 가늠할 수가 없다, 아니셨나요? 학원에서 보는 주간 평가 및 레벨테스트는 얼마든지 의도적으로 설계할 수 있는 시험입니다. 아이들의 실력을 평가하는 좋은 문제를 내는 학원들도 많지만 일부 학원은 그동안 학원에서의 공부 성과를 보여주기 위해 다소 부족한 아이도 성적을 잘 받을 수 있는 테스트를 보기도 하거든요. 그래서 공식적인 시험을 통해 아이의 성적을 보고 싶으셨을 겁니다. 중학교의 시험은 이런 의미가 담겨 있다고 보시면 됩니다. '아이의 현재 위치를 판단하는 공식적인 시험'. 비록 만족스러운 성적이 나오지 않았다고 해도 어떤 점이 부족하고 어떤 단원이 취약한지, 아니면 시험에 대한 요령이 없거나 실수를 반복하는지 같은 아이의 약점을 인정하고 보완해 다음 시험에서 같은 결과를 낳지 않도록 하는 것이죠.

보통 중학교 시험은 문제은행식으로 출제됩니다. 각 학교에서 출제하는 시험지를 천천히 분석해보면 일반적인 문제집에서 쉽게 볼 수 있는 유형이 80% 이상을 차지하고 나머지는 교과서, 보조 교재 및 학습지, 신유형 일부로 구성되는데요, 이 말은 시중의 문제집만 반복해서 풀면 누구나 80점은 맞을 수 있다는 이야기입니다. 즉, 아이가 80점 이상을 안정적으로 맞는다고 하더라도 부모님은 긴장의 끈을 놓으시면 안 됩니다. 혹 유형을 암기해서 문제를 푼 것은 아닌지, 제대로 알고 공부한 것인지, 계속 체크하셔야 해요. 물론 시험 점수를 잘 받기 위해서는 문제 유형에 익숙해질 필요가 있습니다. 대한민국 내신 시험은 정해진 시간(중등 45분, 고등 50분) 동안 23~25개의 문제를 답안지까지 작성하는 시험이기 때문에 문제 하나하나를 깊게 고민할 시간이 많지 않습니다. 보자 마자 풀어 넘겨야 할 문제도 여럿 있죠. 하지만 그런 문제를 다 넘기고 나서 어려운 문제들이 남았을 때, 그 문제를 풀기 위한 노력, 고민을 할 수 있는 아이와 그렇지 않은 아이들 사이에 진짜 실력이 드러납니다. 지난 시험을 타산지석 삼지 않은 아이는, 이번 시험도 그저 그렇게 보게 됩니다. 시험 리뷰를 통해서 다음 시험에 대한 목표와 각오를 다져주는 일, 지금 시험 점수를 잘 받는 것보다 더 중요할 수 있다는 것 꼭 기억해주시기 바랍니다. 또한 고등학교 수학은 아이들 체감으로 중학교 수학 10배 이상의 난이도와 양을 자랑하는데요, 중학교 때 2,3문제 수준이었던 '어려운 문제'도 10문제 이상으로 늘어납니다. 이러한 상황에서 앞서 말한 도전하려는 자세가 없다면 바로 수포자의 나락으로 떨어지게 됩니다.

그럼 이 '문제에 도전하는 자세'는 어떻게 키울 수 있을까요? 그 비법은 학부모님들이 학교 시험과 관련하여 가장 많이 하는 다음 질문들과 깊은 연관이 있습니다.

"학교 시험 수준이 어렵지 않은데 중등 심화를 꼭 해야 하나요?"

"중등 심화에 시간을 허비하는 것보다 빨리 중등을 마무리하고 고등 수학을 시작해야 하는 것 아닌가요?"

저는 수학의 모든 영역에 대한 심화가 이루어질 필요는 없지만 (필요와 아이의 수준 등을 고려했을 때) 일부 영역에 대한 심화는 반드시 이뤄져야 한다고 생각합니다. 고등학교 진학 후 실제 수학 공부에 얼마나 도움이 되느냐도 중요하지만 어려운 문제를 스스로 도전하고 해결해본 경험이 있는 아이와 그렇지 않은 아이는 어려운 문제를 대하는 태도가 다릅니다. 어려운 문제는 도전하면 할수록 내성이 생깁니다. 처음엔 시도조차 못 하던 아이도 조금씩 문제가 두렵지 않게 되지요. '완벽하게 풀지는 못하지만 그래도 고민하고 또 해보니 실마리가 보이기 시작하네', '도움을 조금 받긴 했지만 어찌되었든 해결했다' 같은 경험이 아이들에게는 큰 자산이 됩니다. 이 경험을 중학교 때까지는 쌓아갈 수 있도록 부모님께서 상황을 만들어주셔야 하는데, 이때 필요한 것이 중등 심화입니다.

그럼 구체적으로 어떤 단원들에 대해서 중등심화를 해야 할까요? 중등 때 정말 제대로 공부하고 넘어가야 할 대표적인 영역은 '기하'입니다. 중등 기하는 고등 이후의 기하적 풀이의 기초를 만드는 매우 중요한 과정이며 고등 과정에서 기하 파트를 많이 다루고 있지 않기 때문에 더 중요합니다. 이 책의 부록으로 제공해드리는 〈초중고 수학 연관 단원맵〉을 보면 중학교 2,3학년 시기에 중요한 기하 개념들이 밀집되어 있음을 볼 수 있습니다. 이때 제대로 배워둬야 이후 문제를 풀 때 기하적 개념을 꺼내서 문제를 풀 수 있습니다. 그럼 이를 위해 얼마나 어려운 문제들을 풀어야 할까요? 자신의 수준보다 훨씬 높은 수준의 어려운 문제들을 푼다고 해서 무조건 좋은 것은 아닙니다. 아이들도 '나는 절대 풀 수 없다'라고 생각하는 문제에 대해서는 접근할 마음을 먹기가 쉽지 않거든요. 그래서 저는 최상-상-중-하 수준의 객관식 문제가 있다고 할 때, '중 이상 정도라면 어떤 문제든 임의로 지목했을 때 서술로 또는 구두상으로 막힘없이 설명할 수 있을 정도로 연습하기'를 심화 효과가 나타나는 기준으로 추천 드립니다. 물론 아이의 객관적인 수준이 높다면 더 어려운 문제를 풀어봐야겠지요.

수학을 포기하겠다는 아이, 희망은 없는 걸까요?

저희 아이는 중3, 수학을 포기했습니다. 초등학교 때는 잘하고 있는 줄 알았어요. 중2가 되어 첫 시험을 보고 실수라고 해서 믿고 기다렸는데 마지막 시험까지 6~70점대를 벗어나지를 못하네요. 노력을 하는데도 성적이 안 나오니 수학 공부가 하기 싫다고 합니다. 그런 아이를 보면서 말은 안 하지만 죄책감이 들어요. 제가 수포자였거든요. 혹시 공부 스타일이 안 맞는 게 아닐까 싶어 학원을 여러 번 옮겨봐도 결과는 똑같습니다. 계속 실수였다고만 하니 제가 어떻게 해볼 도리가 없네요. 저희 아이는 정말 희망이 없는 걸까요? 수학을 포기하면 자녀분과 부모님의 마음 모두 이해가 됩니다. 〈들어가는 말〉에서 말씀 드렸던 것처럼 아이들은 누구나 공부를 잘하고 싶어합니다. 하지만 현실은 그렇지 못하죠. 기본적인 학습 능력이 부족한 아이도 있고, 태도나 습관에 문제가 있는 아이들도 있습니다. 또 제때 제대로 된 공부를 배우지 못해 시기를 놓쳐버린 아이들도 있죠. 타고난 부분은 어쩔 수 없다고 하지만 모두 다 1등이 되는 것이 목표가 아니라면 얼마든지 자기가 만족할 수준까지는 도달 가능하다고 생각합니다. 초등학교 때는, 중학교 때는 잘했는데 고등학생이 되니 어느 순간 성적이 떨어졌다는 얘기 들어보셨을 겁니다. 정말 그럴까? 상식적으로는 그럴 수 없을 것 같은데…. 그런데 그런 아이들이 정말 많습니다. 아이들도 처음에는 당황합니다. '내가 이럴 리가 없는데….' 그리고 스스로 노력이라는 것을 시작하죠. 그런데 대부분 이렇게 성적이 급격하게 떨어지는 아이들은 자기주도로 무언가를 쌓아왔다기보다는 학원에 의해 시험 기간 중심으로 만들어진 아이일 가능성이 높습니다. 그래서 노력을 하고 싶어도 무엇을 해야 할지 잘 모를 겁니다. 그래도 나름대로 공부를 합니다. 학원을 옮겨보기도 하고요. 그러나 중학교 때와는 다르게 성적이 금방 오르지 않습니다. 중학교 때는 공부에 관심 있는 아이들만 공부를 했다면 고1이라면, 특히 학기 초에는 누구나 열심히 공부하기 때문이지요. 성적의 절대치는 오를 수도 있지만 등수를 올린다는 것은 정말 힘든 일입니다. 끈기를 가지고 노력한 아이는 작은 성취도 이루고 목표를 향해 조금씩이라도 나아갑니다. 하지만 대부분의 아이들은 그렇지 못합니다. 금방 포기하죠. 성적도 오르지 않고 계속 떨어지기만 합니다. 노력해도 안 되는 현실을 천천히 받아들이고 결국에는 수업 시간에 딴짓을 하고 이제는 선생님 말도 못 알아 듣는 '수포자'의 길을 걷게 됩니다.

그동안 잘했던 아이가 왜 이렇게 되었을까요? 앞 문단에 힌트가 있습니다. '학원에 의해 만들어진'이라는 말. 그 아이는 그동안 잘해왔던 것이 아닙니다. 잘 이해하지 못했지만 외워서 시험을 봤고, 외웠으니 지나면 잊어버리고, 이런 식으로 멈춰버린 개념들이 많았을 겁니다. 계속적으로 학습 결손이 누적이 되었겠죠. 하지만 아이 주변의 누구도 아이의 결손을 눈치채지 못했습니다. 본인 스스로도요. 지금까지는 정확히는 몰라도 반복적으로 학습하고 감을 쌓아오면서 어찌어찌 성적이 떨어지는 것을 '버텨왔던 것'입니다. 그런데 초등학교에서 중학교, 중학교에서 고등학교로 넘어가는 경계의 수학은 완전히 다른 수준의 영역입니다. 그 다른 영역의 수학이 트리거가 되어 버텨왔던 그간의 장벽을 무너뜨린 것이죠. 아이는 그래서 당황하기 시작했던 겁니다. 안타깝게도 이런 모습이 특수한 경우가 아니고 매우 흔한 일입니다. 수학은 무너지기 시작하면 손쓸 도리 없이 급격히 무너집니다.

　학부모님들 중에는 그런 아이를 지켜보며 죄책감을 가지시는 분들이 많이 있습니다. '내가 수포자였기 때문에 날 닮아서 그런 것이 아닐까' 하고요. 하지만 내색하지 않으려 해도 아이가 수학에 어려움을 겪을 때마다 무의식적으로 나오는 한 마디, 표정, 행동들이 아이의 마음을 흔들어놓습니다. 아이가 수학을 기피하고 안 하는 이유를 합리화하는 도구로 사용됩니다. 그러니 설령 본인도 학창시절 수학이 어려웠고 싫으셨다 해도 아이에게는 최대한 내색하지 말아주세요. (물론 반대로 '너무 좋아했고 쉬웠고 잘했고 재미있었다'라고 오버하시는 것도 금물입니다.) 그리고 장담하건대 만점이 목적이 아니라면 저는 2등급까지는 아이들이 얼마든지 노력해서 올릴 수 있다고 생각합니다. 수능 수학 3등급만 넘어도 선택할 수 있는 대학의 폭이 넓어지는데, 2등급을 받을 수 있는 아이가 미리 포기하면 되겠습니까? 아이가 포기하지 않도록 마음을 다잡아주는 것, 이것이 부모의 몫입니다.

　아이들이 수포자의 수렁에서 쉽게 빠져나오지 못하는 이유가 수학의 위계성 때문인데요, 수학이라는 과목은 계통성을 띄고 있어서 아래 학년에서 배운 내용들을 잘 기억하고 있지 못하면 그 위에 새로운 개념들을 쌓아도 쌓이지 않고 결국 무너져 내립니다. 예를 들어, 초등학교 3학년 때 처음 배우는 분수의 개념을 잘못 알고 있거나 문제를 푸는 방식만 기억하고 있다면 좀 더 복잡한 '분수의 연산'이 나오는 5학년 때 문제가 생길 수 있습니다. 이처럼 대부분의 단원들이 연결되어 있다 보니 초등학교 3학년 때 수학을 포기한 학생이 중학교 2학년이 되어 다시 마음을 다잡아도 헤쳐나가기가 쉽지 않죠. 흔히 말하는 '기초부터 해야 한다'는 생각 때문에 엄두가 나질 않고 노력한 만큼 빨리 성적이 향상되지 않기 때문에 좌절하게 됩니다. 수학 공부의 양(시간)과 성취도는 정비례 관계가 아니기 때문이지요. 수학은 아래 그래프처럼 공부한 내용들이 쌓여 언젠가 성적 급상승의 시점이 오는 과목입니다.

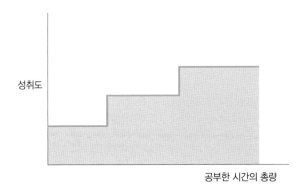

1장   미치도록 궁금하지만 아무도 답해주지 않는 엄마들의 수학 고민 7

그러니 섣부른 포기는 금물입니다. 물론 수학은 수학은 계통성과 위계성의 과목인 것, 맞습니다. 하지만 그렇다고 해서 무조건 처음부터 다시 시작해야 하는 건 아닙니다. 오히려 전략적인 접근이 필요하죠. 수학을 포기한 시점과 새로 시작하려는 시점의 간격이 길면 길수록 전략적인 접근이 필요합니다.

　고2 겨울방학 때 저를 처음 만난 학생이 있었습니다. 남학생이었고, 착하고 나름 성실했지만 고등 수학에 대한 기초가 거의 없는 학생이었어요. 진로는 공대 쪽이었기 때문에 수학이 너무 중요했지만 수능 원서 쓸 때까지 노력해봐서 안 되면 수능에서는 문과 시험이라도 볼 생각을 하고 있었습니다. 내신은 7등급, 모의고사는 5등급. 심각했죠. 중간에 여러 우여곡절이 있었지만 학생의 노력이 뒷받침되어 결국 목표로 했던 이과 수능 수학 3등급을 달성했습니다. 더 드라마틱한 변화가 아니어서 실망하셨나요? 아뇨. 저는 현실적인 목표를 제시했고 그것이 달성 가능하도록 도왔을 뿐입니다. 더 높은 목표를 세우면 부모님 혹은 학생의 기분이 좋았을 수도 있겠지만 그러기에는 남은 시간이 너무 짧았고 그동안 수학을 내려놓았던 기간이 길어 학생의 한계가 뚜렷했습니다. 저는 우선 부모님을 설득했고, 또 아이와 다짐을 했습니다. 하지만 어려웠어요. 고등 수학 전체의 기초가 없다는 것은 초중등 수학도 그리 견고하지 못하다는 뜻이니까요.

제가 이 아이와 지금 고3인데, 기초가 없다고 해서 초중등 수학을 처음부터 공부했을까요? 아니요, 그렇지 않습니다. 딱 필요한 공부만 했습니다. 도움이 될 영역만 선택적으로 학습을 했고 그것이 승부수였습니다. 그리고 결정적인 역할을 한 것이 또 있었습니다. 학생의 성실함이 아니고요, 바로 '기초 연산 실력'입니다. 아주 정확하고 빠른 연산 실력은 아니었지만 기본 연산에는 거리낄 것이 없었습니다. 종종 아무리 시간과 노력을 쏟아 부어도 5등급에서 더 이상 성적 상승이 되지 않는 학생들이 있는데, 대부분 기초 연산력이 부족합니다. 고등학생인데 분수의 합을 계산하지 못합니다. 어떻게 그럴 수가 있냐고요? 이런 학생들이 생각보다 많습니다. 사례의 학생은 연산에 있어서만은 기본이 갖춰져 있었기에 3등급이라는 목표를 달성할 수 있었던 것이지요. 또한 저와 아이가 수능 수학에만 올인했기에 가능한 성적 상승이었습니다. 이미 내신 수학이 대학 입시에 거의 영향을 미치지 못하는 수준이기에 가능한 일이었죠. 만일 내신 시험까지 신경을 써야 했다면 더 많은 시간이 필요했을 겁니다. 저희는 주어진 짧은 시간을 모두 수능 수학, 그리고 3등급을 달성하는 데에만 사용했습니다. 이 모든 것은 '현실적인 목표'였기에 가능했다고 저는 생각합니다. 더 높은 목표였다면 학생이 중간에 포기했을 겁니다. 공부하면서 슬럼프에 빠질 때마다 빠져나올 수 있었던 것은 손에 잡힐 듯한 목표였기 때문이거든요. 이 학생의 사례처럼 수학을 포기한 아이에게 '너의 노력과 선생님의 노하우를 접목해서 반드시 1등급이 되어야 한다!'고 달성하지 못할 목표를 제시하는 것은 아이에게 전혀 도움이 되지 않습니다. 달성 가능한 목표를 세우고 작은 성취를 이룬 아이가 스스로 더 높은 목표를 세울 수 있게 도와주세요. 그리고 목표 시험에 최적화된 학습 전략을 세우는 데 반드시 초중고 수학의 '모든' 영역과 단원의 개념이 필요하진 않을 수도 있다는 것, 기억해주시기 바랍니다. 공부해야 할 양이 줄어든다는 것은 수포자도 도전해봄 직한 범주로 만들어주니까요. 마지막으로 만일 12년 수학 공부를 해나가다가 우리 아이가 자칫 길을 잃어 잠시 수포자가 되더라도 같이 포기하지 마세요. 그리고 다시 빠져나올 수 있게 가장 기본적인 역량인 '연산'만은 초등학교 때부터, 무슨 일이 있어도 제대로 학습될 수 있도록 지도해주시기 바랍니다.

지금까지 학년별로 가장 고민하시는 질문들을 함께 살펴보았는데요, 하지만 어떻게 보면 학부모님들의 고민은 학년이 없는 것도 같습니다. 아이는 고등학생인데 연산이 안 될 수도 있고, 초등학생인데 수학을 포기했을 수도 있으며, 학원주도형 아이일 수도, 고등학교까지 자기주도를 모르는 부모주도형 아이일 수도 있습니다. 깊이 있고 현실적인 이야기를 들려드리고자 최선을 다했지만 가장 중요한 현실은 '우리 아이' 그리고 '교육 제도'일 것입니다. 지금까지 전달 드린 이야기들을 통해 어느 정도 감을 잡으셨다면 이제 우리 아이를 둘러싼 '현실'을 좀 더 구체적으로 알아보실 때입니다.

무엇을 배우고
무엇을 평가할까

개정 수학
교육과정과 입시

1장에서 수학 공부 전반에 걸친 궁금증을 해결하셨다면, 지금부터는 우리 아이들의 성적과 입시를 좌우하는 교육과정과 평가 제도, 입시 제도 속의 '수학'에 대해서 알아보려고 합니다. 대한민국 초중고 수학 교육의 목표는 첫째, 생활 주변 현상을 수학적으로 관찰하고 표현하는 경험을 통하여 수학의 기초적인 개념, 원리 법칙을 이해하고 수학의 기능을 습득하는 것, 둘째, 수학 학습의 즐거움을 느끼고 수학의 유용성을 인식하는 것, 마지막으로 사회 및 자연 현상을 수학적으로 관찰, 분석, 조직, 표현하는 경험을 통하여 수학의 개념, 원리, 법칙과 이들 사이의 관계를 이해하고 수학의 기능을 습득하는 것입니다. 초등학생 때에는 수학의 기초 소양, 기초 계산력을 바탕으로 수학적 사고력을 계발하고, 중고등

학생 때에는 수학사, 수학자 중심의 이론 공부를 바탕으로 사회적 문제를 해결하고, 전문 분야의 기초를 습득하는 데 목표가 있습니다. 다시 말해, 12년 동안 우리 아이들은 학교에서 수학이라는 과목의 '효용성'에 대해서 배우게 되는 겁니다. 그리고 저는 그에 걸맞게 수학을 배우는 과정도 원칙적이기보다는 '효율적'이어야 한다고 생각합니다.

이 말은, 우리 아이들이 수학이라는 과목을 제대로 배울 때, 선물처럼 저절로 갖추게 되는 '수학적 사고력', '문제 해결력' 등의 핵심 역량들이 내신과 수능에서 좋은 '점수'를 받는 자양분이 되어야 한다는 의미입니다. 그리고 변화하는 교육과정과 평가 방식, 입시 제도 속에서 이 '점수와 진학'이라는 목표를 달성하기 위해서 제도들의 '본질과 목표'를 제대로 알고 전략적으로 접근해야 합니다. 즉, 우리 아이들 수학 공부를 잘 지도하기 위해서는 '효율적이면서 제대로 된 학습 방향성'이 필요합니다.

그럼 지금부터 교육과정의 변화와 평가 방식 및 입시 제도의 변화 속 수학에 대해서 하나씩 살펴보고 우리 아이들이 무엇을 어떻게 준비해야 할지 짚어보도록 하겠습니다.

2015 개정교육과정과 선택과목

2020년부터 전국의 모든 초중고 교실에서는 2015 개정교육과정 수업이 진행되고 있습니다. 우리나라는 1954년 교육과정 고시를 시작으로 현재까지 총론만 10차례, 대입 제도는 총 19회 바뀌었는데요(한국일보 2019.11.14), 현재 적용중인 2015 개정교육과정의 인재상은 '창의융합형 인재'이며, 교육 목표는 아래 3가지 핵심 키워드로 설명할 수 있습니다.

창의
교육

융합형
교육

과정 중심
교육

첫 번째 키워드: 창의 교육

첫 번째 키워드인 '창의 교육'은 중학교 1학년 학생들에게 의무 도입된 자유학기제 및 자유학년제(대부분의 학교가 중학교 1학년 때 시행하며, 시도지역단위에 따라 6개월, 1년간 시행함)로 설명할 수 있습니다. 자유학기제/학년제는 기존의 천편일률적인 강의식 수업에서 벗어나 자유로운 분위기 속에서의 학생 참여 중심 교육을 지향합니다. 우리 아이들은 학교에서 기초 과목들을 배우는 오전 시간을 보내고 오후 시간에는 학교 내외의 다양한 자원을 활용한 진로 탐색 및 설계 활동 즉, 창의적 체험활동(이하 창체) 시간을 보내고 있죠. 이 제도는 아이들에게 진로를 체험하고 고민할 시간적인 여유를 준다는 긍정적인 의미를 담고 있지만 반면에 다소 느슨한 수업과 무시험으로 인해 발생하는 학습 결손을 우려하는 목소리 또한 높습니다. 또 제도적, 행정적 문제들로 인해 도입 의도와는 다르게 학교별로 프로그램의 격차가 생겨나고 있는 것도 문제입니다. 잘 운영한다면 충분히 의미 있는 한 해가 되겠지만 그렇지 못할 경우 시간 낭비라고 생각하는 것이 학부모와 교육 관계자들의 시선입니다. 그럼, 아이들은 어떨까요? 아이들 입장에서 이 시기는 교복 입는 초등학교 7학년입니다. 그리고 그런 아이들을 지켜보는 부모님들은 당장 내년으로 다가온 시험에 대한 불안함과 아이에 대한 안쓰러움, 두 가지 감정이 교차합니다. 그리고 감정의 추가 어느 쪽으로 더 기우느냐에 따라 이 시기를 보내는 아이들의 유형도 두 부류로 나뉘게 되지요.

첫 번째 부류는 '대학생이 되기까지 마지막으로 공부로부터 자유로운 시기이다. 시험이 없으니 즐겨라'는 한량형, 두 번째 부류는 '시험이 없으니 미리 2학년 내용을 준비할 기회'라는 유비무환형입니다. 둘 중 누가 옳고 그르다고 말씀 드리기는 어렵지만 (분명 조금씩은 편향된 생각임은 분명합니다) 저는 후자에 더 가깝습니다. 왜냐하면 이 6개월에서 1년이라는 시간은 초등학생에서 중학생으로 넘어가는 굉장히 중요한 시기이자 기회이기 때문입니다. 만일 초등학교 때 학습 습관을 제대로 갖춰놓지 못했다면 이 기간 동안 몇 번의 시행착오를 거쳐서라도 좋은 공부 습관을 세우는 시기로 삼아야 합니다. 부족한 부분이 있다면 계획을 세워 완벽하게 보충해야 하죠. 초등학교 때 잘하던 아이가 중학교 1학년 때 들뜬 마음을 2학년이 되어서도 잡지 못해 중학교 생활을 제대로 보내지 못하는 경우를 정말 많이 봅니다. 결론적으로, 이 시기에는 학교에서의 교육 못지않게 가정에서의 교육이 반드시 동반되어야 합니다.

그리고 우리는 '창의 교육'의 '자유학기제/학년제' 안에 숨은

평가 방식에 주목해야 합니다. 2015 개정교육과정 고시문에 따르면 "자유학기에는 중간, 기말고사 등 일제식 지필평가는 실시하지 않으며, 학생의 학습과 성장을 지원하는 과정 중심의 평가를 실시한다", "자유학기에는 협동 학습, 토의/토론 학습, 프로젝트 학습 등 학생 참여형 수업을 강화한다"고 쓰여 있는데요, 이 말인 즉 중학교 1학년 시기에는 적극적으로 수업에 참여하는지 여부를 '수행평가'라는 과정평가 방식으로 평가하겠다는 것입니다. 이 수행평가는 중학교 2,3학년부터 고등학교까지 아이들의 내신 평점을 좌지우지할 정도로 매우 중요합니다. 하지만 정작 그 시작인 중학교 1학년 때에는 수행평가 결과가 점수화되어 보여지지 않기 때문에 크게 신경 쓰지 않고 넘어가는 경우가 많죠. 저는 이 중학교 1학년 자유학기제/학년제 시기가 이 '수행평가 역량'을 키울 수 있는 골든타임이라고 생각합니다. 어떤 아이들은 이 골든타임을 아무 것도 하지 않은 채 아깝게 흘려 보내기도 하고 (어차피 성적이 점수화되는 것이 아니기 때문에) 어떤 아이들은 2,3학년 선행 학습으로 시간을 허비해버리기도 합니다. 하지만 제대로 보낸다면 앞으로의 내신의 든든한 기둥이자 입시에서도 비교우위에 설 수 있는 중요한 역량을 키울 수 있습니다.

두 번째 키워드: 융합형 교육

'융합형 교육'은 2015 개정교육과정의 닉네임인 '문이과 통합과정'이라고 이해하시면 됩니다. 과거처럼 문과, 이과로 나누어 수업하지 않고 고등학교 1학년 때는 계열 구분 없이 아래 표처럼 7개의 공통과목 (국어, 수학, 영어, 통합사회, 통합과학, 한국사, 과학탐구실험)을 배우고 2학년부터는 자신의 진로 희망, 적성에 맞는 진로선택과목을 직접 선택하여 배운다는 것인데요, 취지는 매우 훌륭합니다. 4차 산업혁명 시대를 앞두고 문이과 소양을 고루 갖춘 인재를 키워내고자 하는, '창의융합형 인재'를 육성하겠다는 교육부 취지에 정확하게 부합합니다. 하지만 학생들의 입장에서는 몇 가지 부담스러운 부분들이 있지요.

고등학교 보통 교과 교과목 구성

교과 영역	교과(군)	공통과목 (1학년)	선택과목(2~3학년)	
			일반 선택	진로 선택
기초	국어	국어	화법과 작문, 독서, 언어와 매체, 문학	실용 국어, 심화 국어, 고전 읽기
	수학	수학	수학I, 수학II, 미적분, 확률과 통계	실용 수학, 기하, 경제 수학, 수학과제 탐구
	영어	영어	영어 회화, 영어I, 영어 독해와 작문, 영어II	실용 영어, 영어권 문화, 진로 영어, 영미 문학 읽기
	한국사	한국사		

| 탐구 | 사회(역사/도덕 포함) | 통합사회 | 한국지리, 세계지리, 세계사, 동아시아사, 경제, 정치와 법, 사회·문화, 생활과 윤리, 윤리와 사상 | 여행지리, 사회문제 탐구, 고전과 윤리 |
| | 과학 | 통합과학 과학탐구 실험 | 물리학Ⅰ, 화학Ⅰ, 생명과학Ⅰ, 지구과학Ⅰ | 물리학Ⅱ, 화학Ⅱ, 생명과학Ⅱ, 지구과학Ⅱ, 과학사, 생활과 과학, 융합과학 |

〈2015 개정교육과정에 따른 선택과목 안내서〉, 서울특별시 교육청 교육연구정보원

융합형 교육에서 우려되는 문제들

첫째, 공통과목의 도입으로 인한 부담입니다. 통합사회와 통합과학은 문이과를 막론한 기초 소양으로서 학생들의 부담을 확 줄인 분량과 쉬운 난이도로 새롭게 생겨난 과목들인데요, 두 과목 모두 분량을 줄이는 대신 단순 암기와 강의식 수업에서 벗어나 참여형 프로젝트, 토론 토의 수업을 지향하고 있습니다. 하지만 제가 학생들로부터 직접 들어본 평가는 그렇게 호의적이지만은 않습니다. 참여형 수업과 관련된 과정평가로서 수행평가도 진행하고 있지만 지필평가는 여전히 암기식 평가로 이루어진다고 합니다. 때문에 학생들은 수행평가와 지필고사를 둘 다 준비해야 하는 2중고를 겪고 있고, 교과서의 범위는 넓지만 각 단원의 양이 적은 편이라 시험의 변별력 확보가 어렵자 난이도가 높은 문제들이 출제되어 생각보다 좋은 성적을 받기 어렵다는 의견들이었습니다.

두 번째는 고교 선택과목과 관련된 문제입니다. 2015 개정 교육과정의 가장 큰 변화는 진로에 따른 선택과목인데요, 고등학교 1학년까지는 문이과 상관 없이 공통과목들을 듣고 2학년이 되면 본인의 진로 목표와 관련이 있고 대입에 유리한 과목들을 스스로 선택해야 합니다. 이 기본 취지를 잘 살린다면, 자신의 진로와도 관련 없고 어려운 과목을 억지로 듣는 일 없이 진로와 흥미에 맞는 과목만을 선택해서 듣고 좋은 성적을 낼 수 있습니다(연구 결과 상으로도 좋아하는 과목과 성적은 높은 상관관계가 있습니다). 알찬 고등학교 생활을 영위하는 것은 물론 대학 입시에서도 유리하지요. 또한 현재 우리의 대입 제도는 수시와 정시로 나뉘어져 있는데, 최근 들어 정시의 비중이 다소 높아지긴 했지만 여전히 가장 많은 학생을 뽑는 전형은 수시입니다. 수시 전형에서는 학생의 학교생활기록부와 면접 등을 통해 학생을 선발하는데요, 2019년 11월 발표된 새로운 개편안에 의해 학교생활기록부의 여러 부분들이 간소화되기는 했으나 여전히 중요한 항목이 '내신'입니다. 쉽게 말해 성적이죠. 그리고 이 성적 못지 않게 중요한 부분이 바로 '이수과목'과 '세부능력 및 특기사항'이라는 항목인데요, 서울 상위권 대학에서 가장 많은 학생들을 선발하는 학생부종합전형은 이 '내신, 이수과목, 세부능력 및 특기사항'을 검토하고 면접을 통해 학생을 선발합니다. 이때 '이수과목'은 학생이 지원한 학과에 대해 얼마나 관심을 갖고 준비했느냐, 그리고 입학한다면 얼마나 잘 적응할 수 있느냐, 자질이 있으냐를 보는 '전공적합성'을 판단하기 적합한 항목으로, 학생부종합전형에서는 이 전공적합성이 (대학과 학부 전공에 따라서) 당락을 결정하기도 합니다. 결국 선택과목은 우리 아이의 고교 내신 성적을 결정함과 동시에 대학 입시에도 중요한 역할을 하는 것입니다.

하지만 문제는 진로가 막연한 학생들입니다. 학교에서 지정 과목 없이 각 개인에게 자유 선택의 기회를 준다 하더라도 정해놓은 진로가 없다면 어느 과목을 들어두어야 입시에서 유리한지 알 수가 없습니다. 자신처럼 막연한 친구들과 같이 보편적인 과목을 듣다가 내신이 불리해질 수도 있고, 고3이 되어 원하는 진로 영역이 생겼지만 해당 과목은 2학년 이수과목이어서 듣고 싶어도 들을 수 없는 경우도 생깁니다. 이 경우 면접장에서 그동안의 진로가 명확하지 않았던 이유를 물었을 때 해명할 수 없다면 학생부종합전형의 '전공적합성' 항목에서 좋은 점수를 받기 어려울 것입니다.

융합형 교육에서 반드시 필요한 진로 목표

이처럼 현 제도 하에서는 일찍부터 자신의 진로에 대해서 고민한 학생이 다른 학생들보다 한 발 더 앞서 나아갈 수 있습니다.

더 나아가 목표 대학과 학과가 명확하다면 고등학교 선택과목의 선정부터 철저한 대입 준비가 될 수 있는데요, 이를 위해서는 각 대학, 학과에서 요구하는 지정 과목을 정확히 알 필요가 있습니다. 예를 들어, 건축학과를 희망하는 학생이 있다고 합시다. 같은 건축학과라고 하더라도 학교에 따라서 건축공학과, 실내건축학과, 건축/토목/환경공학부, 실내건축디자인학과, 건축도시부동산학부 등 다양한 이름을 가지고 다양한 계열(상경, 사회, 공과, 예체능 등)에서 선발을 합니다. 건축공학과는 공학계열이어서 수학과 과학의 심화과목들을 필수 이수해야 하지만, 실내건축디자인학과는 예체능계열로 미술, 인문 쪽의 과목들을 들어야 할 수도 있습니다. 이처럼 고등학교 교과목을 선택할 때 가능하다면 큰 틀에서의 진로뿐만 아니라 세부전공, 나아가서 학교와 학과까지 구체적일수록 대입에서 유리합니다.

아이가 진로 목표를 결정한 상황이라면 서울시를 비롯한 전국 지자체 교육청에서 발간한 〈진로 연계 과목 선택을 위한 학과 안내서〉를 참고하여 세부 로드맵을 짜보실 수 있습니다. 예시 표와 같이 큰 범주에서의 선택 권장 과목을 제시해주고 있습니다. 하지만 각 대학별 소속 계열과 인재상이 다를 수 있으니 각 대학 입학처를 통해 다시 한 번 확인해보아야 합니다.

학과별 권장 선택과목 안내 예시

연변	학과	선택 권장 과목
1	간호학과	수학I, 수학II, 확률과 통계, 화학I, 화학II, 생명과학I, 생명과학II, 생활과학, 정치와법, 사회문화, 생활과 윤리, 보건, 심리학 등
2	건축공학과	수학I, 수학II, 미적분, 기하, 물리학I, 물리학II, 화학I, 화학II 등
3	건축학과	수학I, 수학II, 미적분, 기하, 물리학I, 물리학II, 화학I, 기술가정, 미술, 미술창작, 미술 감상과 비평 등
4	경영학과	경제, 정치 와법, 사회문화, 심리학, 논술, 수학I, 수학II, 미적분, 확률과 통계, 기하, 경제 수학 등
5	고고학과	영어권문화, 세계지리, 세계사, 동아시아사, 경제, 정치와 법, 사회문화, 윤리와 사상, 제2외국어I, 제2외국어II, 한문I, 한문II, 수학I, 수학II 등

〈진로 연계 과목 선택을 위한 학과 안내서〉, 서울특별시교육청 교육연구정보원

※〈진로 연계 과목 선택을 위한 학과 안내서〉 전문은 옆의 QR코드를 통해 다운로드 받으실 수 있습니다.

그리고 반드시 함께 기억해두셔야 할 '체크포인트'들이 있습니다. 만일 우리 아이가 진로가 명확하고, 그 진로에 따른 선택 권장 과목을 알았다고 하겠습니다. 알았다면 그 과목을 신청해서 학교에서 이수하면 될 텐데요, 현실적으로 들을 수 없는 경우도 있습니다. 89페이지의 〈고등학교 보통 교과 교과목 구성표〉를 보면 보통 교과 안에서도 일반선택과목이 25개, 진로선택과목이 21개입니다. 여기에 계열별 전문교과까지 더하면 사실상 한 학생이 선

택할 수 있는 후보 과목이 몇 백 개에 이르게 됩니다. 앞서 언급한 것처럼 학생이 이 많은 과목 중, 내 진로 목표에 적합한 과목을 찾는 것도 어렵지만 현실적으로 더 어려운 문제는 일반 고등학교에서 이 과목들을 모두 개설할 수가 없다는 것입니다. 세부 과목마다 수업이 가능한 선생님의 수급이 어렵다는 행정상의 문제도 있고, 각 과목을 신청한 학생이 5명 이내, 10명 이내일 때 50여 명 이상이 듣는 수업과 비교해보면 내신 경쟁력 측면에서 매우 불리하기 때문입니다. 좀 더 자세히 설명해보겠습니다. 고교 내신 상대평가에 의해 규정된 1등급은 4%입니다. 따라서 정원이 100명인 과목에서는 4등까지가 1등급을 받지만 정원이 반으로 줄어든 50명이 되면 1등급은 2명밖에 되지 않습니다. 정원이 그 이하로 줄면 1등급이 1명뿐인 경우도 발생하겠지요. 그러니 정원이 적은 과목을 이수하면 내신에서 불리할 수밖에 없습니다.

이런 문제들로 인해 각 고등학교에서는 학교 지정 '필수과목'을 선정하죠. 그 학교에 입학을 했다면 그 과목들 안에서만 선택 과목을 결정해야 하는 겁니다. 물론 현재도 거점형 선택 교육과정을 운영중인 학교(특정 과목이 개설된 학교로, 방과후 이수제를 운영중)도 있고 2025년도부터 도입되는 고교학점제(대학과 같이 학생이 과목을 자유롭게 수강 신청하고, 졸업학점을 이수하면 졸업할 수 있는 제도, 아직 명확한 운영체제는 발표되지 않음) 체제에서는 교과 중점 학교 운영의 확대, 온라인 공통 교육과정 개설 등을 통하여 학생들의 자유로운 과목 선택이 가능해질 수도 있습니다. 하지만 이 제도들은 불이익과 불편함을 해소하는 보조 수단일 뿐, 근본적인 대비는 아이가 고등학교에 입학하기 전, 각 학교에서 지정한 과목들을 미리 파악하고 이 선택과목들을 학교 선택의 중요한 기준으로 삼는 것입니다.

수학 선행과 선택과목

그런데, 이 선택과목 중 수학이 중학교 아이들의 발목을 잡고 있습니다. 현재 대다수의 중학생, 예비 고등학생들은 3개월~2년 정도의 수학 선행 학습을 하고 고등학교에 입학합니다. 그런데 입학 후 수학 선택과목을 선택하는 과정에서 앞서 해온 선행이 뒤집히는 일들이 발생합니다. 예를 들어, (고교학점제 이전) 경제학과 지망인 학생이 A고등학교 입학을 염두에 두고 '수학-수학I-수학II-확률과 통계-경제수학' 과목의 선행 학습을 했다고 가정해보겠습니다. 그런데 중3 12월, 이 학생은 B학교에 배정이 됩니다.

A고등학교 선택과목 예시

선택영역	교과(군)	과목	과목구분	기준단위	운영단위	1학년 1학기	1학년 2학기	2학년 1학기	2학년 2학기	3학년 1학기	3학년 2학기	필수이수단위
학교선택	수학	수학	통동	8	8	4	4					10
		수학I	일반	5	4			4				
		수학II	일반	5	4				4			
학생선택		확률과 통계	일반	5	4			2 (택1)	2 (택1)			14
		기하	진로	5	4							
		미적분/실용수학	일반	5	5					5 (택1)		
		경제 수학/수학과제 탐구	진로	5	5						5 (택1)	

B고등학교 선택과목 예시

선택영역	교과영역	교과(군)	과목	기준단위	공통	일반	진로	전문	1학년 1학기	1학년 2학기	2학년 1학기	2학년 2학기	3학년 1학기	3학년 2학기	영역합계
학교선택	기초	수학	수학	8	8				4	4					22
			수학I	5		4					4				
			수학II	5		4						4			
			확률과 통계	5		6							3	3	
학생선택	기초	기초교과선택	실용국어/실용수학/실용영어 [택1]	5			6				3	3			6
			심화국어/미적분/기하/영미문학읽기 [택1]	5		6							3	3	6

위의 표에서 볼 수 있듯이 B고등학교에는 경제수학이 개설되어 있지 않아서 이미 선행한 과목임에도 학생은 그 과목을 선택할 수 없습니다. 결국 다른 선택과목 이수를 고려해야 하고 미리 배워둔 '경제수학'은 쓸데없는 선행이 되고 맙니다. 그리고 2학년 때 배울 것으로 예상했던 '확률과 통계'를 B고등학교에서는 3학년 때 배우게 되는데요, 이에 따라 선행의 우선순위와 강도 또한 달라지게 될 겁니다. 위의 사례에서 보듯, 학교의 특성에 따라 선택과목이 달라질 수 있는 지금의 교육과정 상에서는 너무 앞선 선행보다는 안전한 선행 학습을 해야 합니다.

이처럼, 선택과목은 '고등학교 선택 여부'-'진로 희망에 따른 선택과목'-'전공적합성과 세부능력 및 특기사항을 반영하는 대학 입시'에 걸쳐 유기적으로 연결이 되어 있습니다. 따라서 각 선택과목이 무엇을 배우는지, 선택과목들 간의 위계는 어떠한지(선택과목 중에는 해당 과목을 선택하기 전, 반드시 들어야 하는 경우가 있는 경우가 있음. 이를 과목 간의 위계가 있다고 표현함), 어떤 진로의 디딤돌이 되는지에 정확히 이해하고, 더불어 이를 활용하여 입시에서 이기는 전략을 세우는 것이 중요합니다.

세 번째 목표: 과정 중심 교육

마지막으로 '과정 중심 교육'에 대해 이야기해보겠습니다. 2015 개정교육과정에서는 창의융합과 더불어 추론 능력, 의사소통 능력을 기르기 위한 수업 방식을 지향하고 있습니다. 그래서 토론/토의, 프로젝트 등의 수업 진행을 독려하고 있지요. 수학 과목에서도 단순히 계산을 잘하는 '산수형 인재'가 아닌 다양하고 어려운 상황에서 상상력과 창의력, 문제 해결력을 발휘할 수 있는 '창의융합형 인재' 육성을 목표로 합니다. 그래서인지 요즘의 초등학교 수학 교과서에서는 그냥 보면, 수학과 전혀 상관 없어 보이는 문제들도 등장하고 있습니다. 예를 들어 설명해볼게요. 모눈종이와 같은 규칙적인 사각형 안에 2가지 무늬가 번갈아 나오는 포장지를 보신 적이 있으시죠? 초등학교 1학년 아이들에게 그런 종이 포장지를 한 장씩 나눠줍니다. 그리고 그 포장지의 무늬를 보며 친구들끼리 규칙을 말해보는 것이지요. 또 빈 모눈종이를 나눠준 후 그 모눈종이에 새로운, 나만의 무늬를 자유롭게 그려보는 활동도 권장합니다. 그리고 마지막으로 이 포장지를 만들어 어디에 사용할지 친구들끼리 이야기해보라고 하네요. 어떠신가요? 이 문제를 수학 교과서가 아닌 다른 곳에서 보았다면 수학 문제라고 생각할 수 있을까요? 물론 규칙을 배우는 수학 단원에 나오는 문제입니다만, 수학 교과서를 벗어난 일상생활에서, 그리고 미술 시간에서 다루어봄 직한 활동이 아닌가 싶습니다.

또 다른 문제를 보겠습니다. 이번 문제는 비슷한 두 개의 그림을 보여주고 달라진 곳을 찾아 비교하며 말하기입니다. 그림은, 우리 아이들이 즐겨 하는 '틀린 그림 찾기'보다 훨씬 쉬운 수준입니다. '이렇게 쉬운 틀린 그림 찾기 문제가 어디 있담'이라고 생각하실 수도 있지만 이 문제는 초등학교 1학년의 〈비교하기〉 단원에 나온 엄연한 수학 문제입니다. 우리는 계산하고 더 나아가서는 수학적 문제를 해결하는 것만이 '수학'이라고 생각하지만 앞의 문제들처럼 사실 규칙을 찾고, 비교할 수 있는 능력을 배우는 것 또한 수학의 일부입니다. 물론 이 단원들은 과거에도 배우던 단원들이지만 최근의 수학 교과서에서는 이 단원들을 통해서도 수학적추론 능력과 이를 적절한 언어로 표현하여 남에게 전달하는 것까지로 수학 역량의 범주를 확대하여 지도하고 있습니다.

이렇다 보니 학생들을 평가하는 기준 또한 일괄적인 지필평가만으로는 부족하게 되었는데요, 그래서 2015 개정교육과정 이래로 주목 받게 된 평가 방식이 바로 수업 과정 중에 시행되는 '과정평가'입니다. 이 과정평가를 지필평가의 반대 개념으로서 '수행평가'라고 지칭하는데요, 평가 방식의 다양성을 갖춘 다른 과목에 비해 그 응용 범위가 넓지 않았던 수학 과목조차도 최근에는 다양한 방식의 수행평가를 진행하고 있습니다. 또한 이 수행평가는 중간, 기말고사라고 일컬어지는 지필평가 못지 않게 학생들의 성적에서 큰 비중을 차지합니다. 수행평가의 결과물은 학교생활기록부의 '내신 성취도 점수'뿐만 아니라 앞서 강조한 '세부능력 및 특기사항' 란에도 기재되며 갈수록 대입에서 중요한 요소로 부각되고 있습니다.

지필평가에서의
서/논술형 평가와 수행평가

2015 개정교육과정은 '창의융합형 인재' 육성을 위한 교육 목표와 맞물려 학생들을 평가하는 평가 방식에도 큰 변화가 있는데요, 주목해야 할 것은 크게 두 가지입니다. 첫 번째는 지필평가에서 서논술형의 비중이 증가했다는 것이고, 두 번째는 과정 중심의 수행평가가 확대되면서 이중에서도 수학 과목의 수행평가 방식이 다양화되었다는 것입니다. 아래는 이와 관련된, 2020년도부터 시행되는 서울시 교육청의 평가 개선 사항들입니다.

· 지필고사 배점의 20% 이상을 서논술형 평가로 실시
· 중학교에서 학기당 1과목(5개 교과군) 이상은 100% 수행평

가 또는 서논술형 평가로 실시(※5개 교과군: 국어, 영어, 수학, 과학, 사회)

· 과목별로 학기말 환산점수 100점의 40% 이상을 과정 중심 수행평가로 실시

보통 서울시교육청이 이와 같은 정책을 발표하면 곧이어 경기도 교육청 이하 많은 교육청이 그 영향을 받습니다. 따라서 이 개선 사항들은 비단 서울시만의 상황이 아닌 것이죠. 발표된 사항에서 예년과는 다르게 눈에 띄는 것은 지필고사 배점의 20% 이상을 서논술형 평가로 실시하는 것입니다. 전국 규모의 학부모 강연을 진행하고 있는 저는 다양한 지역 학교들의 평가 지침들을 자주 살펴봅니다. 지역마다 평가에 대한 분위기는 많이 다르고, 같은 지역 내에서 지필평가와 수행평가의 비중이 다르기도 하며, 지필고사 안에서 서논술형 평가의 배점도 많이 다릅니다. 신생 학교나 혁신 학교 쪽은 교육청에서 권고한 20%보다 더 높은 비율의 서논술형 문제를 출제하는 경향이 있고, 학생 간의 경쟁이 치열한 (일명) 명문학교들은 서논술형 문제의 비중이 높지 않은 경우가 많습니다. 점수 1,2점으로 학생의 등급이 갈리는 상황이기 때문에 비교적 논란거리를 주지 않는 객관식의 비중을 높이는 것으로 보이

는데요, 이들 학교는 서논술형에서도 평가 기준안이 비교적 명확한 편입니다. 실제 제가 학생들을 가르쳤던 지역에서도 학생과 학부모가 학교를 대상으로 서논술형 채점 결과에 대한 이의제기를 해 소송 직전까지 갔던 것을 보았을 정도로, 서논술형 채점은 분명 민감한 요소가 있습니다.

이런 평가 방식은 과정평가를 중시하는 2015 개정교육과정의 목적과도 궤를 같이 한다고 할 수 있는데요, 비중이 점점 증가하는 이 서논술형에 대해서 아직 그 중요성을 잘 인식하지 못하고 있는 분들이 많습니다. 시험 대비를 하면서 따로 '서논술형 답안지 작성 대비'를 하지 않는 경우 등인데요, 그 결과, 답을 정확히 낸 문제조차도 감점을 당하는 일이 부지기수입니다. 점수가 등급 안정권이라면 모르겠지만 89~91점에 아슬아슬하게 걸려 있는 학생은 (수행평가가 만점인 경우에도) 이런 감점 때문에 생각지도 못한 등급을 받는 경우도 많습니다.

수학 평가의 기본, 서논술형 대비법

저는 모든 수학 과목의 평가에서 서논술형 문제에 대한 대비가 가장 기본이라고 생각합니다. 객관식과 단답형 수학 문제에 익숙한 학부모 세대에게는 낯선 시험 방식이지만, 아이들이 제대로 공부해서 제대로 성적을 받기 위해서는 평소에도 서논술형 문제를 대비할 수 있는 '학습 방법'이 필수입니다. 그렇다면 우선 서논술형 평가에서는 무엇을 평가하는지 좀 더 자세히 알아보아야 하겠지요? 서논술형 평가에서는 수학 용어와 개념에 대한 이해가 바탕이 되고, 문제 해결 과정을 서술할 수 있는 '쓰기' 능력이 중요합니다. 앞 장에서 제가 모든 과목에서 '독해력'이 중요해진다고 언급한 바 있는데요, '독해력'과 '쓰기', 더 나아가 '말하기'는 2015 개정교육과정 아래 모든 교과목에 적용되는 핵심 역량들입니다.

서논술형 평가는 지필 시험 안에 있는 평가이기 때문에 '쓰기'에만 초점이 맞춰져 있습니다. 이 쓰기를 남들 앞에서 이야기하면 발표이자 구술면접이 됩니다. 말하기도 결국 쓰기에서 시작하는 것이죠.

이렇게 말하고 보니 무언가 거창하고 새로운 건가, 생각하실 수도 있는데 그렇지 않습니다. 수학 문제 답안을 쓸 때 정확한 수학적 용어를 사용하는지, 논리적 흐름에 맞게 식을 나열할 수 있는지를 평가한다고 생각하시면 됩니다. 이런 서논술형 시험의 평가도 평가 기준에 의해 객관적으로 진행되어야 하는 것은 너무나 당연하지만, 약간의 팁을 드리자면, 시험 문제를 출제하신 선생님의 수업 중 힌트, 강조 사항 등을 기억해둔다면 '출제자의 의도'에 맞는 답안을 조금 더 쉽게 작성할 수 있습니다.

지금부터 이러한 서논술평 평가를 대비하는 구체적이 방법들을 몇 가지 소개할 텐데요, 우선 위에서 언급한 '출제자의 의도'는 쓰기에 있어 사람의 마음을 움직이게 하는 작지만 가장 결정적인 부분입니다. 따라서 서논술형 시험을 대비하기 위한 첫 번째 방법은 '수업 시간에 선생님의 말을 경청한다'입니다.

두 번째는 문제 유형에 따라 작성하는 연습을 해보는 것인데요, 보통 수학의 서논술형 문제는 풀이과정형이나 단계형 문제로 출제되므로 각 유형에 맞는 연습이 필수적입니다. 먼저. '풀이과정형'이란, 말 그대도 풀이과정을 나열하는 문제를 말합니다. 연산 과정이 매우 중요한 유형이기 때문에 계산 과정에서 누락되는 식과 연산 과정을 최대한 없애고, 수학 기호, 계산 실수 등에 주의해야 합니다. 이 부분을 설명할 때 제가 꼭 보여드리는 우리 아이들의 실수가 있는데요, 바로 등호(=)의 사용에 관한 예입니다.

등호의 수학사전상의 의미는 '두 개의 대상이 서로 같다는 것을 나타낼 때 사용하는 기호(=)이며 =의 왼쪽에 있는 것과 오른쪽에 있는 것이 서로 같다는 것을 나타내는 기호'입니다(네이버 학생백과 수학백과). 그런데 풀이과정을 적을 때 아이들은 이 등호를

'정확히'가 아니라 '습관적'으로 사용합니다. 예를 들어볼게요. 아래 문제는 A중학교 1학년 1학기 '등식의 성질을 이용하여 방정식 풀기' 기출 문제입니다.

등식의 성질을 이용하여 일차방정식 0.3x−0.5=1.6을 푸는 과정이다. a+b+c의 값을 구하여라.

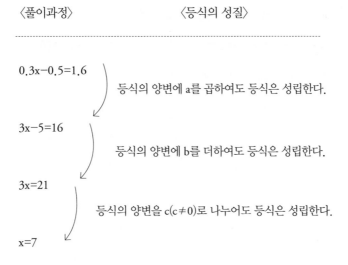

〈풀이과정〉　　　　　　〈등식의 성질〉

0.3x−0.5=1.6

등식의 양변에 a를 곱하여도 등식은 성립한다.

3x−5=16

등식의 양변에 b를 더하여도 등식은 성립한다.

3x=21

등식의 양변을 c(c≠0)로 나누어도 등식은 성립한다.

x=7

이 문제에 대한 학생들의 풀이과정을 살펴보면, 이런 식으로 쓰는 경우가 많습니다.

$$0.3x-0.5 = 1.6 \times 10$$
$$= 0.3x-0.5 = 16$$
$$= 3x = 21$$
$$= x = 7$$

답은 맞았습니다. 하지만 이 풀이과정에는 커다란 오류가 있지요. 바로 등호의 잘못된 사용입니다. 첫 번째 줄의 ×10은 전체 식에 10을 곱한다는 의미였겠지만 저렇게 작성하면 1.6에만 10을 곱했다는 의미이고, 이때 왼쪽과 오른쪽은 값이 같지 않습니다. 등호를 사용할 수 없는 경우가 되어버리죠. 2,3,4번째 줄 맨 앞의 등호도 위의 식과 아래 식이 같지 않기 때문에 쓸 수 없습니다. 이 학생은 다음 단계로의 전개 과정을 표현하는 데 등호를 사용하는 오류를 범했는데, 답은 맞았다 해도 서논술형 문제였다면 1점밖에 못 받았을 답안입니다. 문제의 출제 의도, 즉 등식의 양변에 같은 수를 곱하거나 나누거나 더하거나 빼도 등식은 성립한다는 개념이나 등호의 올바른 사용법에 대한 이해가 없는 풀이이기 때문이지요. 이렇게 아주 사소하게 습관처럼 잘못 쓰고 있는 오개념들이 서논술형 답안에서는 감점 요인이 됩니다.

서논술형 문제의 또 다른 유형은 '단계형'입니다. 단계형은 보통 개념형과 문제풀이형의 복합 문제로 구성되어 있는데요, 보통 아래 문제와 같은 구성입니다.

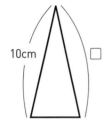

옆의 도형은 이등변 삼각형입니다.
1) 이등변 삼각형은 정삼각형이라고 할 수 없습니다. 그 이유를 써보세요.
2) 1)를 이용해서 □의 길이를 구하세요.

1)을 정확하게 알아야만 2)도 풀 수 있는 문제죠. 간단하고 쉬운 예를 들었지만 이런 문제 유형은 부분 점수의 활용도가 높으며, 복잡하고 어려운 문제라면 시간 배분에 주의해야 합니다.

이렇게 서논술형이 간단하기만 하면 얼마나 좋을까요. 하지만 아이들이 시험장에서 만나는 실제 시험 문제는 훨씬 복잡하고, 또 어려운 것들이 많습니다. 학부모님들 중에는 저에게 "저희 아이는 객관식은 잘하는데 주관식(서논술형)을 잘 못해요. 주관식만 잘하게 하는 방법이 없을까요?"라고 질문을 하는 분들도 계십니다. 그런데, 주관식을 쓰는 요령이 없다면 모를까 있는데도 서논술형 문제를 못 푸는 아이는 사실, 객관식도 제대로 풀 능력이 없는 경우가 많습니다. 이 경우에는 주관식만 잘하게 하는 방법을 찾으실 게 아니라 객관식 실력을 의심해보셔야 합니다. 위 등호

오사용의 예처럼 제대로 못 푸는데 답은 맞추는 아이들, 생각보다 많습니다. 내 아이는 예외일 거라고 속단하지 마세요.

또 저는 아이들이 서논술형 문제에서 감점을 당하기도 하고 어려워서 못 풀겠다고 회피하는 데는 심리적인 요인이 굉장히 크게 작용한다고 생각하는데요, 여기에 서논술형을 대비하는 세 번째 방법이 있습니다.

'서논술형 문제는 어려운 문제가 출제되지 않습니다.'

정말로요? 네, 그렇습니다. 부모님도 긴장을 푸시고 아이에게도 당당하게 말해주세요. 상식적으로 생각을 해봐도 객관식보다 어려운데 풀이과정까지 써야 하는 문제라니, 누가 그런 문제를 시간 내에 풀 수 있겠습니까? 아이들 손 떨리게 하는 어려운 문제가 아니라 '객관식 문제의 난이도보다는 조금 쉬우면서 중요하거나 헷갈리기 쉬운 수학적 개념을 묻는 문제'가 서논술형으로 출제된다고 생각하시면 됩니다. 그러니 아이들에게 서논술형 문제를 두려워하지 말라고 먼저 자신감을 불어 넣어주세요.

네 번째는 감점 요인을 분석해보는 것입니다. 아이들이 서논술형 문제에서 감점을 당하는 것은 크게 두 가지입니다. 먼저 서논술형 문제를 채점하는 선생님들이 어떤 과정을 거치는지 살펴보겠습니다.

1. 풀이과정을 눈으로 읽으며 문제 풀이가 납득이 가는지 체크
2. 중요한 내용(채점 기준)을 기재했는지 체크

1단계에서 걸러지는 것은 '문제 풀이의 비약'입니다. 위의 식에서 아래 식으로 왜 그렇게 전개되는지 채점자가 납득할 수 없는 경우죠. 학생을 불러 설명을 들어봐야 할 수준이라면, 그 풀이는 틀렸고 답도 틀렸을 가능성 100%입니다. 2단계에서 감점을 당하는 것은 서논술형 작성법을 전혀 모르는 아이들입니다. 중요한 내용을 빠뜨렸거나 아니면 너무 장황하게 기술하는 경우죠. 중요한 내용을 빠뜨렸다는 것은 문제 분석이 제대로 되지 않았다는 의미이니, 문제집의 답안지를 보면서 비슷한 문제의 답안이 어떻게 작성되는지 참고하면 좋습니다.

서술형을 채점하다 보면 간혹 너무 장황한 답안지들이 있습니다. 물론 단지 그것 때문에 감점을 주는 선생님들은 거의 없지만 정식 시험의 경우라면 정말이지 비효율적인 시험 운용 방식입니다. 이 답안지를 쓰기 위해 학생은 5분 이상의 시간을 소비했을 텐데, 중간에 계산 실수라도 하면 채점하던 제가 다 속상하더라고요. 수학 시험 답안지 작성시 한글 쓰기는 가능하면 줄이고, 식 위

주로 깔끔하게 쓰는 연습을 해두세요. '그러므로', '그리고', '그렇기 때문에' 등의 연결어는 가능하면 생략하는 게 좋습니다.

서논술형 답안 작성과 관련된 몇 가지 팁을 추가로 말씀 드려보자면,

첫째, 질문의 요지를 정확히 이해하고, 긴 문장의 핵심이 무엇인지 파악하는 노력이 필요합니다. 앞에서도 설명한 것처럼 수학 문제가 길어지면 길어질수록 문제에서 필요 없는 부분, 알아두어야 할 조건, 묻는 내용 등을 파악하면서 답안지를 작성해야 하는데요, 이미 설명한 끊어 읽기(37페이지 참고) 방식을 통해서 각 조건들을 순서대로 나열하면 그것이 바로 서논술형의 풀이과정이 됩니다. 이 방법은 특히 법칙과 공식을 좋아하는 아이들에게 효과적이니 꼭 한 번 활용해보시기 바랍니다.

둘째, 식은 물론, 문제 풀이에 사용된 수학 개념을 정확하게 기술하는 연습이 필요합니다. 저는 그래서 수학 개념을 빠른 시간에 익히는 도구로 '수학사전'을 추천하는데요, 수학사전을 초, 중등 범위까지 열심히 익혀두면 고등학교까지 서논술형 풀이에 효과적으로 활용할 수 있습니다.

셋째, 서논술형 풀이를 '쓰기'의 영역에서 연습하는 것인데요, 문제집이 아닌 서논술형 연습용 수학 노트를 마련해서 손으로 쓰

는 습관을 길러둡니다. 처음에는 몇 줄 쓰지 못하거나, 너무 장황하게 쓰던 아이도 반복적으로 연습하다 보면 자신만의 서논술형 풀이 방법을 터득하게 됩니다.

넷째, '답안지를 가까이 하기'입니다. 답안지 활용, 어떻게 하고 계시나요? 아이가 보지 못하도록 꼭꼭 숨겨놓고 계시지는 않나요? 저는 아이가 자기주도학습을 하기 위해 꼭 필요한 것 중 하나가 이 답안지라고 생각하는데요, 특히나 서논술형 풀이 연습에 필수입니다. 나의 풀이와 비교해보고 내 답안에 빠진 것이 없는지, 간결하게 작성되었는지 확인하고 동시에 어떤 부분이 이 문제의 핵심 내용인지, 감점 포인트는 어디인지 파악하는 용도로 사용해보세요. 요즘은 서논술형 시험 문제가 확대됨에 따라 각 출판사에서 나오는 답안지가 매우 두껍고 자세하며 알찹니다.

다섯 째, 글씨체와 펜 사용법입니다. 글씨체가 예쁘지 않다고 점수를 깎지는 않지만 이 또한 학생을 불러서 확인해야 할 정도면 감점 요인이 되기 쉽습니다. 특히 0과 6을 빨리 날려 쓰면서 비슷하게 쓰는 아이들이 상당히 많은데요, 꾹꾹 눌러쓸 필요까지는 없지만 선생님이 채점 시 오해하지 않도록 깔끔히 쓰는 연습을 해야겠습니다. 또한 저는 펜의 중요성도 강조하고 싶습니다. 학교에서 시험을 볼 때 서논술형 답안은 기본적으로 볼펜으로 작성하게 합니다. 때문에 수정이 불가해서 답안지를 교체하다 시간을 낭비하는 학생들이 꼭 있죠. 수정액 사용을 허락하는 학교는 사용하면 되지만 사용 못 하게 하거나 시간이 아까운 학생은 두 줄로 긋고 그 아래 다시 작성해도 무방합니다. 또 볼펜의 두께와 볼펜 통 등도 사소하지만 채점자에게 좋고 나쁜 인상을 줄 수 있으니 평소 사용하는 볼펜으로 답안지 작성 연습을 하고 시험장에도 꼭 가지고 가세요.

서논술형 문제 풀이와 관련하여 마지막으로 당부하고 싶은 말이 있습니다. 보통 시험지를 받으면 우리 아이는 어떤 문제부터 푸는지 알고 계시나요? 객관식? 주관식? 만일 주관식 문제가 단답형과 서논술형이 있다면 어느 것부터 풀어야 할까요? 저는 1순위는 단답형, 2순위는 서논술형, 3순위가 객관식이라고 조언합니다. 단답형도 예전처럼 0,1,2 중에 찍어서 맞출 수 있는 시대가 아니기 때문에 이 또한 정말 풀어봐야 하는 문제이지만 서논술형처럼 자세한 풀이과정을 적을 필요가 없기 때문에 1순위고, 객관식은 나중에 시간에 쫓기거나 영 모르면 찍을 수라도 있으니 3순위입니다. 물론 2순위인 서논술형 문제를 풀다가 시간을 엄청 잡아먹으면 안 되겠죠. 전체 시험 시간에서 답안지 작성과 시험지 나눠주기, 수거 시간을 감안하고 남은 시간 동안 최소 한 문제에 몇 분 정도를 쓰는 것이 안전한지, 처음으로 시험을 보는 학생이라면 계산을 통해 전략을 세워볼 필요가 있습니다. 그리고 한번 풀어봐서 모르겠는 문제는 아는 문제를 다 풀고 다시 돌아와 풀면 되니 눈에 띄게 큰 별표를 여러 개 쳐놓고 넘어가는 요령도 있어야 합니다.

서논술형은 수학 문제 풀이의 정수입니다. 서논술형 풀이가 정확하고 작성에 익숙해지면 실력이 저절로 늘어나고, 이에 따라 객관식 풀이도 쉬워집니다. 수학 문제 풀이는 서논술형부터 시작이라는 것 잊지 마세요. 지금까지 서술형과 논술형 문제를 함께 묶어 설명했는데요, 논술형 문제는 서술형보다 더 긴 문제가 제시되고 더 긴 풀이과정을 요한다고 생각하시면 됩니다. 기본적으로 서술형과 똑같은 방식으로 접근하면 되지만, 학교 시험의 논술형 문제는 2~3년을 주기로 반복되는 경향이 있고 같은 교과서를 쓰는 학교들 간에 유사한 문제가 출제되는 경우가 많으니 기출 시험지와 교과서를 꼼꼼히 검토하는 것도 좋은 대비법입니다.

수행평가의 올바른 이해와
대비 방법

수행평가는 초중고 전 과목에 걸쳐 교과 평가의 한 축으로서 날이 갈수록 그 비중이 늘고 중요성도 점점 더 커지고 있습니다. 중학교에서는 2020년부터 한 학기당 1개 과목(국어, 영어, 수학, 과학, 사회 中) 이상 100% 수행이나 서논술형 시험을 보고 있고 과목별로 학기말 환산점수 100점의 40% 이상을 과정 중심 수행평가로 실시하도록 하고 있는데요(서울시교육청 기준), 그러니 이제 더이상 수행평가를 숙제나 기본 점수가 있는 형식적인 평가라고 생각하지 않으셔야 합니다, 그렇다면 일선 학교에서는 실제로 어떻게 수행평가가 이뤄지고 있는지 같이 살펴보도록 하겠습니다.

중학교 학년별 수학 과목 평가 비율 및 수행평가 계획표 예시

학년	단위	평가비율(%)			지필평가 영역 점수(%)				수행평가 + 서논술형 비율(%)
		수행평가	지필평가		중간고사		기말고사		
			중간	기말	서논술형	선택형	서논술형	선택형	
1	4	100	.	.	.	.	.	.	100
2	4	40	20	20	6 (20점)	24 (80점)	6 (20점)	24 (80점)	52
3	4	40	20	20	6 (20점)	24 (80점)	6 (20점)	24 (80점)	52

학년	횟수	수행평가 내용			평가점수			반영
		영역	실시시기	비율	배점	최고점	최하점	
1	3	수학 독서	5월 중	40	40	40	28	성취도 미산출
		통계 보고서 만들기	6월 중	40	40	40	28	
		전 단원 형성평가 (서논술형)	4~6월 중	20	20	20	4	
2	3	수학 독서	5월 중	20	20	20	14	지필평가와 합산하여 성취도 산출
		재미있는 수학이야기 소개하기	6월 중	10	10	10	2	
		포트폴리오	4~6월 중	10	10	10	2	
3	3	수학 독서	5월 중	20	20	20	14	
		수학 신문 만들기	6월 중	10	10	10	2	
		포트폴리오	4~6월 중	10	10	10	2	

2장 무엇을 배우고 무엇을 평가할까_개정 수학 교육과정과 입시

예시에서처럼 2020년 서울시교육청의 권고사항에 따르면 중학교에서는 자유학년제인 1학년 때 수행평가 100%로 학생들을 평가하고 평가점수의 성취도는 산출하지 않습니다. 또한 2~3학년에서도 수행평가 40%, 지필고사 배점의 20%를 서논술형 문제로 출제하여 한 학기에 학생을 평가하는 전체 평가 도구 중, 수행평가와 서논술형 평가의 비중의 합이 최소 52%에 해당됨을 알 수 있습니다. 이는 최소 수치이며 수행평가의 비중이 전체 평가 기준의 60~70%에 달하는 학교도 있습니다. 또 한 가지 주목하셔야 할 것이 수행평가 평가점수의 배점 상황입니다. 대부분의 학교가 최하점과 최고점 기준을 가지고 있는데요, 기존에는 수행평가를 만점 받기 쉬운 단순한 과제로 생각할 정도로 기본 점수가 매우 높았지만 현재의 수행평가는 최하점이 생각보다 낮고, 수행평가 점수에 따라 전체 평점이 좌우될 수도 있음을 기억해야 합니다. 예를 들어, 2학년 학생이 중간, 기말고사를 만점 맞았다고 하더라도 수행평가 점수가 최하위라면,

30점(중간고사) + 30점(기말고사) + 18점 (수행평가 3회, 최하위 점수의 합산) = 78점

성취도 C에 해당됩니다. 이처럼 지필고사 못지않게 신경 써야 할 것이 바로 수행평가입니다.

수학 수행평가의 종류와 대비법

그렇다면 이 수행평가란 정확히 무엇이며, 우리는 어떻게 이 수행평가를 대비해야 하는지 좀 더 수학 교과에 집중하여 설명하겠습니다. 수행평가란 수업 시간에 습득한 지식, 기능이나 기술을 실제 생활이나 인위적인 평가 상황에서 얼마나 잘 수행하는지, 혹은 어떻게 수행할 것인지를 관찰, 결과물 등의 방법을 통하여 종합적으로 판단하는 평가 방법입니다. 즉, 수업 시간에 배운 지식을 바탕으로 말하기, 쓰기 등을 수행하는 과정과 이 과정을 통해 산출된 결과물을 평가하는 것인데요, 수학 교과에서는 학습 과정 평가형, 과제물 제출형, 시험형의 수행평가가 주로 이루어집니다.

- 학습과정평가형: 수업 과정 중의 평가(논술, 구술, 토론, 토의, 자기평가, 동료평가, 포트폴리오)
- 과제물 제출형: 프로젝트, 보고서 등 기한이 주어지는 형태

로 개인과제와 모둠과제가 있음

- 시험형: 일명 쪽지시험이라고 불리는 형성평가(아직도 많은 학교에서 시행하고 있으며 고등학교로 갈수록 비중이 높음)

기존에는 수행평가 항목 중 과제물 제출형의 비중이 높았습니다. 특히 모둠수업을 권장하는 분위기 속에 프로젝트나 보고서 작성 등을 모둠과제로 실시해왔죠. 하지만 학생들의 수업 외 활동이 너무 많고 같은 모둠 안에서도 과제의 기여도가 실제 다름에도 모둠으로서 같은 점수로 평가를 받는 등 학생들 사이에서 형평성에 대한 논란이 지속적으로 제기되었습니다(2020년 초중고 학생부 기재 요령 주요 개정 사항: 모둠활동 평가시 무임승차 우려 해소). 또한 고등학교에서는 수행평가가 내신 성적에 절대적인 영향을 미치다 보니 과제물 제출형은 사교육 등 외부의 영향이 미칠 수 있는 여지가 있어, 최근에는 학습 과정평가형, 즉 수업 시간 내에 소화되는 수행평가로 전환되는 추세입니다(2020년 초중고 학생부 기재 요령 주요 개정 사항: 과제형 수행평가 금지). 따라서 수행평가 시기와 범위, 방법 등을 미리 숙지하고 준비해야 하는데요, 하지만 미리 안다고 해도 수업 과정 중의 평가는 논술, 구술, 토론/토의 요소의 비중이 높아서 이 모두를 단기간에 준비하기 어렵습니다.

수학 수행평가의 실제

제가 지도하던 한 학생이 다니던 중학교는 '수학 독서' 수행평가의 비중이 학기당 30%의 비중을 차지하는 곳이었습니다. 이 학교는 공시 원칙에 따라서 학기 초 지정도서와 평가 시기, 평가 방법과 평가 기준까지 모든 것을 공지합니다. 이 공지사항은 보통 학생들에게 가정통신문의 형태로 배포되는데요, 학생이 수행평가의 중요성을 알고 이 가정통신문의 내용을 숙지하면서 부연설명을 하는 선생님의 말에 집중했다면 일단 수행평가에서 좋은 점수를 받을 수 있는 준비가 되었다고 할 수 있습니다. 하지만 많은 학생들이 선생님의 설명을 주의깊게 듣지도 않고 심지어 이 가정통신문을 받았다는 사실조차 잊어버립니다. 학부모님께서 아이의 수행평가를 대비하는 데 도움을 주고 싶으시다면 학기 초 〈학교알리미〉의 〈교과별(학년별) 평가계획에 관한 사항〉을 미리 살펴보시기 바랍니다(당해 연도 내용의 업로드가 늦어진다면 예년 자료 참고). 전체 일정이 나오기 때문에 장기간 준비되어야 하는 논술, 구술, 토론/토의 수행평가도 미리부터 준비할 수 있습니다.

다시 학생의 이야기로 돌아가보면, 해당 학교의 수학 독서 수행평가는 크게 3가지로 구성되어 있었는데요,

2장 무엇을 배우고 무엇을 평가할까_개정 수학 교육과정과 입시

1. 오픈북 형태로 진행된 지정도서 속 퀴즈 맞추기
2. 개인별로 지정된 챕터의 내용을 요약하여 1분 동안 발표하기
3. 지정도서의 독서활동 기록지 작성하기

이처럼 일반적으로 수학 과목에서 '독서'와 관련된 수행평가가 진행될 때에는 〈수학자가 들려주는 수학 이야기〉 시리즈(차용욱, 자음과 모음), 《세상 밖으로 날아간 수학》(이시하라 기요타카, 파란자전거), 《수학비타민 플러스》(박경미, 김영사) 같은 책들이 지정도서로 제공됩니다. 이 책들은 해당 학년에서 배우는 개념과 관련된 내용들을 담고 있어 꼭 수행평가 지정도서가 아니더라도 학습에 도움이 되는 추천도서들입니다. 그래서 저는 제 학생들에게 해당 학교 학기 초에 작년의 정보를 통해 알게 된 이 추천도서들을 미리 읽히고 수행평가와 똑같이 대비를 해주었습니다. 결과는 어땠을까요? 당연히 처음 하는 다른 친구들보다 한두 번 경험해본 제 학생들이 훨씬 더 좋은 점수를 받았겠죠. 이처럼 수행평가도 '당연히' 연습할 수 있습니다.

초중고 수학 수행평가 예시

좀 더 구체적인 예를 살펴볼까요? 학교에서 채택하고 있는
수행평가의 소재는 실생활과 관련된 것들이 많습니다. 먼저, 초등
학교 6학년 수학 수업의 일부인 〈텃밭 가꾸기〉 활동지를 같이 보
겠습니다. 이 활동지는 총 3차시의 수업으로 구성되어 있습니다.
1차시에는 모눈종이에 각자 재배하고 싶은 농작물을 원하는 넓이
만큼 색칠합니다. 이는 학생들이 흥미를 가질 수 있는 일상생활
상황 (주말 농장 등)을 통해 비와 비율 개념 형성을 심화하는 과정

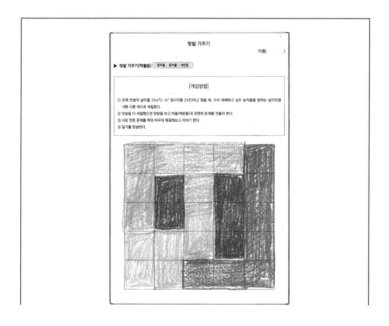

초등학교 6학년 수행평가 예시 〈텃밭 가꾸기〉 1차시

인데요, 이 차시에서의 평가 기준은 창의적 구성에 있습니다. 누가 창의적으로 밭에 농작물을 심었느냐를 보는 거죠. 물론 수학 과목의 수행평가이기 때문에 수학적인 의미가 있는 범주 내에서 자유롭게 심으면 됩니다. 왼쪽 사진처럼 규칙적으로 심은 아이도 있고, 오른쪽처럼 창의적으로 심은 아이도 있을 겁니다.

그러고 나면 2차시에 전 시간에 내가 가꾸어 높은 텃밭을 보고 비율(백분율) 문제를 만들어봅니다. 이 문제를 만드는 개념은 이미 수업 시간에 배웠습니다. 배운 내용을 일상 생활에서 적절하

1. 위에서 가꾸어 놓은 텃밭을 보고 다음 보기와 같이 비율(백분율) 문제를 만들어 봅시다.

─────────── 〈보기〉 ───────────

• 전체 텃밭의 넓이에 대한 당근을 심은 넓이의 비율을 구하시오.
• 텃밭의 넓이에 대한 토마토 밭 넓이의 비율을 백분율로 나타내시오.
• 전체 텃밭의 넓이에 대한 과일의 재배율과 채소의 재배율 중 어떤 것의 재배율이 몇 % 더 높은지 구하시오.

2. 친구가 만든 문제를 보고, 식으로 나타내어 봅시다.

① 출제자 : ( )	
〈문제 풀이〉	
★ 이 문제 어때요?	☆ ☆ ☆ ☆ ☆

② 출제자 : ( )	
〈문제 풀이〉	
★ 이 문제 어때요?	☆ ☆ ☆ ☆ ☆

초등학교 6학년 수행평가 예시, 〈텃밭 가꾸기〉 2차시

2장 무엇을 배우고 무엇을 평가할까_개정 수학 교육과정과 입시

게 활용할 수 있는지가 이 차시에서의 평가 기준이죠. 더불어 친구와 서로 만든 문제를 바꿔서 풀어봅니다. 그중에는 잘 만든 식이 있는 반면에 풀이가 불가능한 식이 나올 수도 있겠죠. 이를 수업 시간에 피드백 해주는 것이 선생님의 역할이고요.

---

3. 다음은 텃밭을 가꾸면서 쓴 일기입니다. [   ]에 알맞은 내용을 채워봅시다.
   (앞에서 색칠한 자신의 텃밭을 보고 백분율을 적용하여 내용이 자연스럽게 연결이 되도록 한다.)

2018년 ○월 ○일

제목: 텃밭 가꾸기

나는 친구 □□이네 집에 놀러 갔다. 친구네 가족은 마당에 모여 텃밭을 가꾸고 있었다.
내가 친구의 텃밭에 대해 궁금해 하자 친구는 자신의 텃밭에 대해 다음과 같이 설명해주었다.
"나는 전체 텃밭(25m²)의 $\frac{9}{25}$ 만큼에는 상추를 심었고, 텃밭의 32%는 토마토, 24%는 고추, 나머지에는 감자를 심었어."
나도 우리 집 텃밭에 대해 친구에게 다음과 같이 설명해 주었다.

그리고 마지막 시간에는 가상의 텃밭을 가꾸며 쓴 관찰일기를 작성합니다. 수학 과목의 수행평가이지만 '쓰기' 과정도 잊지 않았습니다. 물론 수학의 기호와 식을 적절하게 사용하는 것은 기본입니다. '수학일기' 쓰듯이 말이죠.

이런 방식의 평가는 고등학생이 되어서까지 이어집니다. 아래 사진은 고등학교 1학년 학생들의 함수 개념을 이용한 수행평가 활동지인데요, 함수의 개념과 그래프에 대한 수업을 들은 후 여러 가지 탐구 활동지를 통해 배운 내용을 확인하고, 마지막 차

☆ [함수 활동지 1-5] 프로젝트 평가 반영

프로젝트 학습	함수를 이용한 다이어트 계획 (1)
일 자	년 월 일

⚙ 6명씩 한 조가 되어 몸무게 감량 프로젝트를 진행하려고 한다. 주어진 기간은 딱 한 달! 한 달 동안 건강한 방법으로 우리 조원 모두의 몸무게를 최대 몇 킬로그램까지 뺄 수 있을까? 단, 하루 일과 중 학교 생활은 정상적으로 유지하며 점심 식사로 제공되는 학교 급식은 절대로 거를 수 없다.

[그림 1] 개그콘서트 '라스트 헬스보이'의 한 장면   [그림 2] 4개월간 70k)와를 감량한 개그맨 김수영

2장 무엇을 배우고 무엇을 평가할까_개정 수학 교육과정과 입시

1. 문제에서 주어진 조건이나 단서 확인하기

2. 문제 상황과 관련된 자료들 수집하고 분석하기

3. 문제 상황을 수학적 개념과 연관 지어 생각해보기

고등학교 1학년 수행평가 예시, 〈함수를 이용한 다이어트 계획〉

시에는 모둠원들과 〈함수를 이용한 다이어트 계획〉이라는 프로젝트를 시행합니다. 이 프로젝트는 함수 개념을 확장하여 우리가 실생활에서 마주할 수 있는 여러 현상과 문제를 수학적으로 고찰하고 이를 합리적으로 해결할 수 있음을 경험하게 합니다. 생활 속에 수학이 함께함을 보여주는 좋은 사례이죠.

　이러한 수업 중의 과정평가 형식 외에도 수업 시간 동안에 배운 개념을 요약 정리하기, FameLab(과학, 수학, 공학 분야의 주제를 가지고 3분간 강연을 하면서 대중과 소통하는 국제적 행사의 변형, 발표 시 파워포인트를 사용할 수 없고 사물만을 활용하여 발표해야 하고 쉽고 재미있게 전달하기 위해 전문 용어의 사용은 최대한 줄여야 하는 규칙이 있음)을 도입하여 수학 관련 주제와 시나리오 작성하기, 발표하기로 확대되는 수행평가 형식을 채택한 학교도 있습니다. 위의 사례들 전체를 관통하는 공통점은 수학 수행평가임에도 쓰기, 말하기 등이 적극적으로 도입되고 있다는 것이죠. 이 외에도 전국 학교의 사례들을 정리해보면 현재 시점에서 중고등학교의 수학 수행평가는 아래와 같은 유형들이 가장 많이 출제되고 있습니다. 그리고 다른 과목의 수행평가와 프로젝트로 묶이는 방식을 통해서 점차 다양화되고 고도화되고 있는 추세입니다.

- 서논술형 문제 풀이: 형성평가, 수업 과제 해결하기 등

- 읽고 쓰기: 수학 독서, 수학 독서 퀴즈, 수학 시 쓰기 등
- 자료 조사 & 발표: 통계 보고서 만들기, 수학 지식 발표, 재미있는 수학 이야기 소개, 수학자와 수학사 소개 등
- 수학 심화 과제: 나만의 수학 교과서 만들기, 수학 만화 그리기, UCC 제작, 마인드맵 만들기, 수학 용어로 자기소개서 쓰기 등
- 실생활 적용 과제

내신 만점 수학 수행평가 대비법

이처럼 점차 과제가 아닌 수업 과정 중의 참여형 수행평가, 즉 쓰기, 말하기를 중심으로 한 수행평가가 점차 늘어나면서 벼락치기 준비보다는 평소의 기본 역량 발휘가 훨씬 중요해질 텐데요, 우리 아이들은 이를 대비하여 어떤 준비가 되어 있어야 할까요? 아래는 제가 수년간 아이들을 가르치고 연구했던 수행평가 대비법입니다.

- 개념에 대한 정확한 이해를 바탕으로 주간 단위로 배운 내용 내 것으로 정리하기

- 수학자, 수학사, 수학 이론을 중심으로 한 수학적 배경지식 쌓기
- (이 책의 부록으로 제공되는) 초중등 수학 관련 추천 도서 읽기
- 서논술형 쓰기 능력 키우기
- 주간 단위로 배운 개념에 대해 친구나 부모님 앞에서 설명하고 발표하는 능력 키우기
- 일상 생활에서 수학과 실생활의 연관성 찾기 (+실생활 관련 수학 추천 도서 읽기)
- UCC, PPT 만들기, 자료조사 등과 같은 수행능력 강화를 위한 기술 배우기

지금까지 2015 개정교육과정의 취지와 내용, 그 안에서 변화된 교과의 방향성과 평가 방식에 대해서 알아보았습니다. 중등 이상의 자녀를 둔 학부모님께서는 '우리 아이 학교에서는 아직 경험해보지 못했다'고 말씀하실 수도 있지만 이 방향성은 교육부의 의지이며 전 세계적인 흐름이기 때문에 곧 우리 아이에게도 현실이 됩니다. 수학뿐만 아니라 대부분의 과목에서 이런 평가 방식을 반영하고 있는 이유는 이 능력이 앞으로 우리 아이들이 살아가는 미래에서 가장 필요한 덕목들이기 때문이죠. 어떤 능력을 최대치로 끌어올리는 가장 빠른 방법은 그 능력을 사용해야만 하는 '시험'을

필수로 지정하는 것입니다. 아직 모든 학교에서 적극적으로 적용하고 있지는 않지만 불과 몇 년안에 대세가 될 이 평가 방식의 흐름 위에 우리 아이를 빨리 올려놓으시기 바랍니다. 내신 평가에서 유리할 뿐만 아니라 다음 장에서 설명드릴 구술면접에도 분명 큰 장점이 됩니다.

수능 수학과
구술면접

2021학년도 수능은 2015 개정교육과정이 반영된 첫 수능 시험입니다. 하지만 이 수능은 2015 개정교육과정의 핵심인 '문이과 통합'과 '선택과목'이 전혀 반영되지 않은 딱 1년만 시행될 불완전한 개정 수능이기 때문에 고3을 비롯한 2009 교육과정의 마지막 시험을 본 재수생, 완전 개정 수능을 볼 고2 학생들이 모두 다른 시험을 보는 사상 초유의 상황에 직면해 있습니다. 하지만 지금 초중등 학부모님들의 관심은 2022학년도 이후의 수능 시험일 것이라 생각되는데요. 그럼에도 지금의 수능을 제대로 이해해야 아직 다가오지 않은 우리 아이들의 수능시험도 예측할 수 있는 힘이 생깁니다. 아시다시피 우리나라의 대학 입시는 1945년 이래로 19번의 개정을 거쳤습니다. 평균 4년에 한 번씩 바뀌었다고 생각하면 되겠고, 아마도 다음 변화는 2028학년도로 예상됩니다. 2025년에 고교학점제가 전국적으로 시행되고 이 세대가 처음으로 수능을 치르게 되는 해가 2028학년도이기 때문입니다. 많은 입시전문가들이 예상하는 것처럼 고교학점제 이후의 수능은 지금까지와는 전혀 다른 형태(이름이 '수능'이 아닐 가능성도 있음)일 확률이 높기 때문에 현재는 그 누구도 예측할 수 없는 상황입니다. 다만 고교학점제는 고교 내신 절대평가와 수능 자격고사화 이슈와도 긴밀히 연관되어 있기 때문에 현재로서는 짐작만 할 뿐이므로 대입정책 4년 예고제에 맞춰 윤곽이 드러나는 때까지 긴장의 끈을 놓지 말아야겠습니다.

따라서 2009년 이후 출생 자녀를 두신 학부모님들은 아래 내용은 가볍게 읽어주시고, 큰 틀에서의 수능 수학에 대한 이해만 가져가시면 될 것 같습니다.

학년도	계열	교육과정	수학 수능 시험 범위
2022~	공통	2015 개정교육과정	수학I, 수학II
	선택과목		미적분/확률과 통계/기하 中 택1
2021	문과		수학I, 수학II, 확률과 통계
	이과		수학I, 미적분, 확률과 통계
~2020	문과	2009 교육과정	수학II, 미적분I, 확률과 통계
	이과		미적분II, 확률과 통계, 기하와 벡터

고교학점제 반영 이전, 2022년부터의 수능

2022학년도부터는 2015 개정교육과정이 오롯이 반영된 문이과 통합 수능 시험을 보게 됩니다. 이 수능 수학은 공통과목과 선택과목을 더해 총 30문항을 100분의 시간 동안 푸는 기존 방식을 유지할 것으로 예상되는데요, 아직 정확한 문제 수 배분 및 배점, 점수 산정 방식에 대해서는 발표된 것이 없으나 이과 수능 시험에서 선택과목이 도입되었던 2005~2011학년도 수능의 사례에 비추어볼 때, 공통과목 표준점수와 선택과목 표준점수의 합을 기반한 산출식에 의해서 등급이 나뉠 것으로 전망됩니다. 하지만 사회탐구와 과학탐구의 사례에서도 알 수 있듯이 선택과목은 난이도 조절 문제로 인해 항상 과목간 유불리가 발생할 수밖에 없고, 때문에 수능 수학의 키인 킬러형 문제들은 선택과목이 아닌 공통과목에서 출제될 가능성이 더 높습니다. 앞의 표에서 보시는 것처럼 문이과 공통과목은 수학I(지수로그함수, 삼각함수, 수열), 수학II(함수의 극한, 다항함수 미분, 다항함수 적분)이며, 전통적으로 이과생들에게 유리한 단원들로 구성되어 있어서 문이과 구분 없이 이과생들과 경쟁하는 이 상황이 문과생들이 높은 등급을 받는 것을 불리하게 만들 가능성이 있습니다.

하지만 그렇다고 수학이 문과생들에게 모두 불리한 것만은 아닙니다. 2021학년도 대입에서 수시와 정시 비율은 77:23으로 2022학년도 대입 개편안에서 정시 30% 확대(2023학년도는 서울 상위 16개 대학 40% 이상)로 결론 지어진 상황의 영향인지 수시 증감세가 아주 약간 둔화되고 정시의 비중이 0.3% 증가했습니다. 앞서 말한 수능 등급은 수능 정시 전형과 수시 전형에서의 '수능최저학력기준'에 영향을 미치는 수능 수학 과목의 등급인데요. 하지만 아직까지 대입 전형의 대세는 수시입니다. 게다가 수시에서 학생부교과전형은 42.3%로 사상 최대이며, 서울 상위권 대학을 중심으로 학생부종합전형 비율도 2020학년도에 비해 오히려 1% 증가했습니다. 따라서 문과 성향의 학생들에게 내신 수학 과목 선택은 수능에서 다소 불리함을 상쇄시킬 수 있는 기회이기도 합니다. 대표적으로 고등학교 1학년 때 배우게 되는 수학 과목은 〈다항식〉, 〈방정식과 부등식〉, 〈도형의 방정식〉, 〈집합과 명제〉, 〈함수〉, 〈경우의수〉 단원들로 반복적인 학습과 꼼꼼함, 정확함이 요구되는 단원의 특성상 문과 학생들에게 유리한 부분도 많이 있습니다.

2015 개정교육과정이 문이과 통합과정이라고는 하나 상위권 대학을 중심으로 수능이나 내신의 선택과목을 필수과목으로 지정할 가능성도 높습니다. 특히 수학 과목에서 학생들의 교과 선택의 폭은 크지 않을 것으로 예상되는데요, 단적으로 서울대를 위시한 최상위권 공대에서는 수능 과목에서 미적분 또는 기하를 선택

해야 정시 전형에 지원할 수 있게 지원 제한을 둘 수도 있습니다. 또 서울대는 2022학년도 정시 수능 위주 전형에서 대학이 지정한 선택과목 조합을 재학중 이수한 지원자에게 최대 2점의 '교과 이수 가산점'을 부여하는 제도를 발표했습니다. 지정과목의 성취도나 이수단위는 반영하지 않고 오로지 '이수 여부'만 확인한다고 하는데요. 이는 서울대가 생각하는 최소한의 지원 자격이 아닐까 싶습니다. 이처럼 수능 선택과목뿐만 아니라 내신 과목 선택에 있어서도 대학의 입김이 반영되는 것을 보면 계열에 따라 선택과목이 고착될 가능성도 얼마든지 있습니다. 결국 서울대 지원을 고려하는 학생들은 '교과 이수 가산점'제에 의해서, 기본으로 받을 수 있는 가산점을 챙기기 위해 당연히 서울대 지정 과목 조합들을 이수할 수밖에 없겠죠. 이런 관점에서 본다면 2015 개정교육과정 하의 모든 고등학생들은 (문이과 통합과정이기 때문에) 내신과 수능에서 계열에 상관 없이 같은 기준에 의해 등급을 나눠 갖지만 정작 대학에 지원할 때에는 지원 자격 요건 때문에 이과생은 이과생끼리 문과생은 문과생끼리 경쟁하게 되지 않을까 싶습니다.

예를 들어, 문과 과목을 이수하고 공대에 가겠다는 학생은 지원 자격에서 이미 '이과 과목 이수 여부'에 의해 필터링되어 지원조차 할 수 없을 가능성이 있다는 것이죠. 그러므로 문이과 통합과정이라는 말에 너무 흔들리지 마시고 아이의 꿈과 진로에 대해 어릴 때부터 최대한의 가능성을 열어주시되, 최소한 고등학교에 입학하기 전에는 계열이라도 명확히 결정할 수 있도록 도와주시는 것이 지금의 내신과 수능, 수시와 정시 모두를 겨냥하는 유일한 해법입니다.

대입에서 점점 더 중요해지는 구술면접

대학 입시에서 면접의 위상은 점점 더 높아질 것으로 예상됩니다. 현 입시체제에서 면접은 학생부종합 2단계 전형의 핵심 평가 항목으로서 최종 합/불을 결정하는 요소이며, 교육부의 대입 전형 간소화 정책에 따라 논술 전형이 축소되면서 그 중요성은 더욱 커질 것입니다. 학생의 학업 역량 및 발전 가능성, 전공적합성 등을 평가할 만한 근거들이 모두 비공개 또는 삭제되고 있기 때문인데요, 2019년 11월 발표된 대입 개편안에 따르면 학생부 항목 중 비교과 영역에 해당하는 자율동아리활동, 청소년 단체활동, 개인봉사활동, 진로활동, 진로희망내역, 수상경력, 독서활동 등을 모두 대입에 반영하지 않기로 결정되었습니다. 이와 더불어 2022학년도부터는 교사추천서가 폐지되고 2024학년도부터는 자기소개서가 전면 폐지됨에 따라 현재 상위권 대학에서 가장 많은 학생을 뽑는 전형인 학생부종합전형에서의 평가 근거가 '학교생활기록부 일부, 면접, (수능최저점수)'밖에 남지 않게 되었습니다. 이에 따라 학교생활기록부에서는 내신과 수업 활동 및 수행평가가 기록되는 세부능력 및 특기사항이 중요해졌고, 게다가 2019년 10월, 교육부의 정시 확대 움직임 속에서 터져나온 "(학종에서) 비교과가 폐지되면 서울대는 면접을 강화할 것이다"라는 서울대의 발언은 면접이 여전히 중요함을 모두에게 상기시켜주었습니다. 이런 발언이 나온 배경도 그동안 학종에서 학생을 선발하는 데 참고해왔던 변별력 있는 항목들이 다수 폐지되거나 폐지 예정임에 따라 대학 입장에서는 우수한 인재를 뽑기 위한 방법을 고민하는 과정이었다고 생각합니다. 따라서, 지금도 그렇지만 앞으로는 서울대 입학 전형에서의 면접은 인성면접보다는 '구술'을 표방한, 학업역량, 전공적합성 등의 평가 수단으로 쓰일 것으로 예상됩니다. 그리고 앞으로 고교학점제와 더불어 내신 절대평가, 수능 자격고사화가 실행되면 대학의 면접 강화는 더욱 가속화될 것입니다.

3장

∞

실력이 늘고
성적이 올라가는

'진짜' 수학 공부법

많은 사람들이 수학 공부 = 수학 문제집을 푸는 것이라고 생각합니다. 하지만 수학 문제집을 많이 풀면 그것만으로 수학 공부가 될까요? 그에 비례해서 실력이 늘어날까요? 많은 분들이 직접(본인의 학창시절을 통해), 간접(아이의 학습을 지도하는 과정에서)으로 경험하셨겠지만 이 둘은 결코 '정비례'하지 않습니다. 이유는 간단합니다. 문제집을 푸는 것은 수학 '공부'가 아니라 수학 공부 '방법' 중 하나이기 때문입니다. '진짜' 수학 공부란 '배우지 않은 문제를 풀 수 있는 능력을 키우는 것'이라는 목적 하에 이루어지는 모든 것을 말합니다. 이 모든 것들은 문제집을 풀기 전, 푸는 도중, 풀고 난 후에 해야 하는 행동들이며, 결국 수학 공부의 목적을 달성하게 해서 학교 성적, 고등학교 입시, 대학교 입시 등 우리 아이가

3장 실력이 늘고 성적이 올라가는 '진짜' 수학 공부법

꿈꾸는 목표를 이루는 주춧돌이 됩니다.

물론 안 푸는 것보다는 낫겠지만, '어떤' 문제집을 '어떻게' 푸느냐에 따라서 결과는 많이 달라질 것입니다. 하지만 늘 이 '어떻게'가 잘 몰라서, 그리고 누군가의 수학 공부법(대개는 엄청난 공부량이 동반된)을 알게 되어도 그렇게까지 하고 싶지는 않아서, 단순히 문제집 몇 권을 푸는 것으로 귀결되는 경우가 많지요. 우리는 1장에서 우리 아이 수학 교육과 관련해 학부모님들이 갖고 계시는 고민들을 살펴보았고, 2장에서는 수학 공부의 현실적인 목표(내신, 대입 등)의 방향성을 파악하기 위한 현행 교육과정, 평가 제도, 입시 제도에 대해 알아보았습니다. 이제부터는 자녀들의 수학 공부가 제대로 되고 있는지를 체크해보실 수 있도록 '제대로 하는 수학 공부란 무엇인지'에 대해 본격적으로 다뤄보려고 하는데요, 때문에 앞선 두 장에 비해 실천할 수 있는 내용이 많이 수록되어 있습니다. 그 기준에 맞춰 우리 아이의 수학 공부를 객관적으로 바라보시고, 좋은 것은 더하고 필요 없는 것은 덜어내어 올바른 방향으로 지도해주시기 바랍니다. '실전' 공부를 시작하기 앞서, 알게 된 것들을 100% 활용할 수 있는 팁을 먼저 말씀 드릴게요.

1. 제가 제시하는 4가지의 수학 공부 단계는 모두 긴밀하게 연결되어 있습니다. 그 연결성을 잘 이해하시고, 우리 아

이에게 접목 가능한 우선순위를 고민해주시기 바랍니다.

2. 아직 수학 공부 방법이 명확하게 잡혀 있지 않은 아이라면 앞에서부터 하나씩 차근차근 따라해보며 습관화 시켜주세요. 물론, 우리 아이 성향상 '무리'라고 생각되는 부분도 있으실 겁니다. 그 부분은 4장을 참고해주시면 됩니다.

3. 각 단계의 끝에는 각 단계를 도와주는 수학 노트 활용법이 나옵니다. 저는 수학을 '손을 써서 엉덩이로 하는 과목'이라고 생각합니다. 처음부터 모든 노트를 활용할 수는 없겠지만 접근 가능한 것, 아이가 거부감이 없는 것부터 하나씩 실천해보세요.

∞

목표는
'수학을 좋아하는 아이'

진짜 수학 공부를 위한 부모님의 미션, 그 첫 번째는 '목표 수정'입니다. 시작 단계의 목표는 '수학을 잘하는 아이로 만들자'가 아니라, '수학을 좋아하는 아이로 만들자'가 이상적으로도, 현실적으로도 맞습니다. 왜 그런지 함께 살펴볼까요?

초등학교 3학년 아이들에게 수학을 좋아하는지를 물어보자 40%의 아이들이 '그렇다'고 대답했습니다. 같은 질문을 6학년 아이들에게도 해봤습니다. 결과는 어땠을까요? '그렇다'고 응답한 비율은 20%(지식채널e 〈포기할까 말까〉, EBS, 2013)뿐이었습니다. 이처럼 초등학교 6년 과정을 겪으며 80%의 아이들이 수학을 싫어하게 됩니다. 어려운데 싫기까지 한 과목, 잘할 수 있는 아이들이 얼마나 될까요?

강연을 할 때에도 저는 자녀가 초등학생이라면 어디까지 선행을 시킬지 고민하지 마시고, 어떻게 하면 앞으로도 '계속 수학을 좋아하는 아이로 남을 수 있을지' 고민하시라고 말씀 드립니다. 사람에게는 누구나 좋아하는 것에 몰두할 수 있는 '집중력'이 있습니다. 이 집중력은 아이의 수학 공부를 다음 단계, 그 다음 단계로 나아가게 하죠. 문제는 그 원동력인 '좋아함'이 생각보다 너무 일찍 사라진다는 것입니다. 수학을 좋아하던 아이들이 왜 어느 순간 수학을 싫어하게 될까요? 저는 가장 큰 이유가 저학년 때 알던 수학과 고학년 때 마주한 수학이 전혀 다르게 다가오기 때문이라고 생각합니다. 초등학교 저학년 교과서는 온통 신기하고 즐거운 이야기들뿐입니다. 교과서 뒤편에 있는 준비물 꾸러미와 함께 세상의 작은 규칙들을 깨우치고 있는 중이죠. 그런데 그 규칙과 원리들이 정말 실생활에 쓰입니다. 구슬과 동전, 과일 같은 것들로 숫자를 세고 주변의 사물들이 모양으로 구분된다는 것도 배웁니다. 벽에 걸려 있는 시계도 읽을 수 있어 스스로도 뿌듯하지요. 그러다가 3학년, 4학년이 되면 약간은 추상적인 것들을 배우기 시작합니다. 일상에서는 잘 보기 힘든 큰 수를 배우고, 나눗셈과 분수, 소수라는 조금은 어려운 개념들도 등장합니다. 지금 배우는 수학이 조금씩 현실의 과목이 아니라 책 속의 과목으로 여겨지기 시작합니다. 게다가 "왜?"라는 질문을 부담스러워 하는 어른들도 늘었습니다. 엄마도 아빠도 학교 선생님도 전에는 잘 설명해 줬었는데 지금은 "그냥 그런 거야", "다 공부니까 외워!"라고 말을 자르기 일쑤입니다(잘못 알려줄까 두렵고, 진도에 더 신경을 쓰기 시작하면서부터 나타나는 반응이지요). 그러다 보니 아이들은 점점 궁금한 것이 없어지고 그냥 외우거나 기억하는 방식으로 수학을 익혀가기 시작합니다. 여기에서 불행이 싹트는 것이죠. 살아가는 데 필요(상관) 없고 어렵기만 한 과목. 이제 아이들에게 수학은 이렇게 인식됩니다. 그리고 초등학교 5~6학년 때 이런 이미지가 아이 머릿속에 자리를 잡게 되면, 아이는 단순 문제풀이 외에는 다른 수학 공부법을 배우지도 못한 채 중고등학교를 거쳐 결국 수포자가 됩니다.

시작은 '수학이 아닌 다른 것'으로부터

조사 결과에 따르면 학교에서 배운 수학 지식이 일상생활에서 활용되고, 수학은 살아가는 데 필요한 과목이라고 생각하는 아이들의 비율은 고등학교로 갈수록 급격하게 줄어듭니다(사교육걱정없는세상, 2015). 그리고 이 비율은 아이들이 수학을 어렵게 느끼고 흥미를 잃어가는 것과도 비슷한 추이를 보이지요. 수학을 처음

학교에서 배운 수학 지식은 일상생활에서 활용된다?

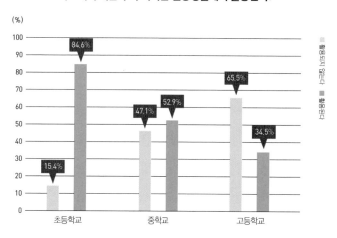

수학은 일상생활에 꼭 필요한 과목이다?

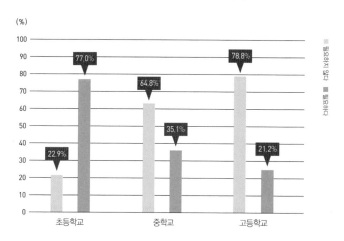

〈2015 수학 교육과정 개정을 위한 학교 수학 교육 관련 설문조사 결과보도〉,
사교육걱정없는세상, 박홍근 국회의원

3장   실력이 늘고 성적이 올라가는 '진짜' 수학 공부법

배울 때는 (새로운 것이다 보니) 그 자체로도 흥미를 느끼지만 그 흥미가 지속되기 위해서는 삶과 연관성이 있어야 합니다. 그런데 우리의 아이들은 초등학교 고학년부터는 오로지 문제의 정답을 맞추는 것이 유일한 목적인 괴로운 선행을 하고 있습니다. 수학 공부를 왜 해야 하나에 대해 주어지는 답은 하나뿐입니다. '대학을 가기 위해서.' 물론 틀린 말은 아닙니다. 그게 현실이니까요.

하지만 그것만으로 12년을 버틸 수 있을까요? 위의 수치가 증명하듯 이 또한 결코 눈 감아서는 안 될 현실입니다. 그래서 저는 우리 아이들이 초등학교 때부터 수학의 긍정적인 면에 가능한 많이 노출되어야 한다고 생각합니다. 긍정의 힘은 앞으로의 고됨을 이겨낼 수 있을 정도로 강력하니까요. 아이들 중에는 수학 공부 자체가 그냥 행복한 친구들이 있습니다. 학년이 올라가고 어려운 것을 배우면 배울수록 수학의 매력이 푹 빠지는 아이들이죠. 이 아이들의 다른 과목 성적은 제가 가늠할 수 없지만 적어도 수학만큼은 탁월할 겁니다. 과목에 대한 흥미가 성적이라는 결과로 발현된 이상적인 사례죠. 당연히 흔치 않은, '극소수의 이야기'입니다. 그렇다면 극소수의 아이가 아닌 우리 아이들의 부모님은 무엇을 해야 할까요? 일단은 아이의 수학 공부를 대하는 태도를 바꿔야 합니다. 결과에 반응하는 어른들의 태도는 아이와 수학을 더욱 멀어지게 만듭니다. 수학이란 과목은 공부하는 과정 중에 정말 많은 것을 배웁니다. 문제해결력, 창의력, 사고력 등 살아가는 데 필요한 기본 역량들을 말이지요. 그리고 사실 그것이 4차산업시대를 목전에 둔 지금, 수학 교육이 무엇보다 강조되는 이유이기도 합니다. 하지만 우리는 모두, 과정보다는 당장의 결과에 집중합니다. 아무리 노력을 했고 잘했다 하더라도 시험에서 실수를 하면 실력이 없다고 판단합니다. 실수도 실력이라면서요(물론 저도 하는 말입니다. 의미는 다르지만요). 부모로서 완전히 결과에 초연할 순 없겠지만 일단 멈추실 필요가 있습니다. 실수를 반복하지 않도록 하는 것도 중요하지만 우선은 아이의 노력을 충분히 칭찬해주고, 실수를 같이 안타까워하며, 함께 개선할 방법을 찾아보는 것이 더 중요합니다. 다른 것들은 학교나 학원, 다른 교육 주체들이 해줄 수 있습니다. 하지만 동기 부여와 정서적 공감은 부모님만이 해주실 수 있습니다. 물론 알아도 실행이 어렵다는 것도 압니다. 그래서 그 실행법에 관한 이야기를 해보려 합니다.

가족이 함께하는 일상 퀴즈

만약 우리 아이는 '관심 분야가 특별히 없다'거나 아이의 관심 분야가 '수학과는 조금 거리가 멀다'면 이런 방법을 사용해보세요.

3장 실력이 늘고 성적이 올라가는 '진짜' 수학 공부법

이 방법은 수년 전, 제가 수학 교재 연구차 핀란드 가정을 방문했을 때, 확신을 갖게 된 방법입니다.

A씨는 딸 3명에 아들 1명, 총 4남매를 두고 있는데 거의 매일 저녁식사 시간 아이들과 퀴즈를 풉니다. 7학년부터 유치원생까지 아이들의 연령대는 다양했지만 모두 아빠가 내는 퀴즈를 좋아하고 또 자유롭게 자신의 생각을 이야기하더군요. 제가 함께한 저녁에는 파이 문제가 나왔습니다. 그날의 디저트는 파이로, 모두 조금씩 다른 모양의 파이를 한 개씩 자신의 몫으로 받았습니다. A씨는 아이들에게 파이를 각자 4개로 똑같이 나눠보라고 했습니다. 그렇게 나눈 4 조각 중 하나는 자기가 갖고 나머지 3개는 다른 형제자매들에게 나누어주자고요. 단순히 나누는 것에 서로 바꿔먹자는 규칙이 더해지자 아이들은 더욱 활기를 띠기 시작했습니다. 결과는 어땠을까요? 모두 정답을 찾았을까요? 아이들은 각자의 개성이 드러나는 커팅 기술을 발휘했습니다. 저도 결과물을 같이 보고는 한참 웃었네요. A씨가 낸 이 퀴즈는 정답을 찾는 문제가 아닙니다. 각자 자신의 방식대로 문제를 이해하고 해결법을 고민하고 구체화해보는 시간이었어요. 그럼 아이들은 그 퀴즈의 정답을 모르는 채로 끝이 나는 걸까요? 아닙니다. 식사를 모두 마친 후 큰 아이를 중심으로 인터넷을 찾아보면서 똑같이 4등분을 할 수 있는 원리에 대해서 이야기를 했어요. 유치원생인 막내도 자신

의 의견을 자유롭게 표현했고, 그 퀴즈로 인해 그날 저녁, 가족 모두는 즐거웠습니다.

어떤 생각이 드시나요? 역시 우리나라에선 어려울 것 같으신가요? 일단은 가족이 함께 모이는 식사시간이 있어야 가능할 것 같긴 합니다. 하지만 꼭 매일이 아니어도 시간 날 때마다 가볍게 해보셔도 좋습니다. 기억하셔야 할 포인트는 오직 하나, 그 시간이 '수학 공부 시간이 아닐 것'입니다. 생각은 있지만 쉽게 시작하기 어려우신 분들을 위해 추천도서를 하나 소개합니다. 롭 미스터웨이와 마이크 애스큐 공저의 《하루 10분 수학놀이》(상상의 집)이라는 책으로, 번역서여서 한국의 실생활과는 조금 거리가 있을 수 있지만 참고한다는 기분으로 읽어보시면 좋습니다. 그 외에도 우리 주변에는 참고할 만한 자료들이 많습니다. 마음이 있다면 오늘 가볍게 한 번 해보세요. 아이가 즐겁다면 한 번 더! 그렇게 시작하는 겁니다.

다시 한 번 강조하지만, 아이들의 수학 공부는 관심 분야와 관련하여 시작하면 매우 쉽습니다. 만일 아이가 자동차를 좋아한다면, 자동차로 시작해볼게요. 우선 간단한 질문으로 시작합니다. 자동차의 종류에는 어떤 것이 있을까, 자동차의 바퀴가 4개인 이유는 무엇일까, 기계가 작동하는 톱니 바퀴의 원리는 무엇일까,

자동차의 속도 km/h가 의미하는 것은 무엇일까, 왜 신호등이 깜빡이는 시간은 다를까 등 우리 아이가 좋아하는 자동차와 관련된 질문들은 실로 무궁무진합니다. 그런데 이런 질문들은 어떻게 준비하느냐고요? 실천편인 만큼, 부모님들이 참고하여 실천하실 수 있도록 간단한 가이드를 드리도록 하겠습니다.

1. 아이가 관심 있어하는 분야의 책을 아이 수준에 맞게 골라서 준비해둡니다. 그리고 엄마가 먼저 예습을 합니다.
2. 책에 나오는 소재들을 질문으로 바꾸어 아이에게 물어봅니다.
3. 정답은 말해주지 않습니다. 아이가 질문에 대답을 한다면 다른 질문으로, 대답을 못하거나 내용이 부족하다고 생각한다면 그 궁금증을 해결하기 위한 방법으로 함께 책을 찾아봅니다. 아이의 답이 부족하다고 느껴도 절대 틀렸다고 이야기하지 않습니다.
4. 수학 공부가 반드시 숫자와 계산만으로 이루어진다고 생각하지 않아야 합니다. 모든 것이 수학에 대한 관심을 이끌어낼 수 있는 분야입니다.

구체물과 교구 활용하기

수와 식이 아닌 재미로 수학에 접근한다고 하면 또 한 가지 떠오르는 것이 있으시지요? 네, 바로 구체물입니다. 구체물을 통한 학습은 아이들이 쉽고 재미있게 수학에 친숙해질 수 있도록 도와줍니다. 그래서 미취학 시기나 초등학교 저학년 때 주로 사용들을 하시지요. 하지만 꼭 학년에 구애 받을 필요는 없습니다. 아이들 중에는 수학의 추상성을 구체물 없이 이해하지 못하는 친구들이 있거든요. 물론 실제 시험장에서는 구체물을 사용할 수 없으므로 머릿속으로도 생각할 수 있는 힘을 키워야 합니다만 그 상상력 또한 구체물을 보고 느끼는 과정에서 생겨나는 것입니다. 그러니 초등 저학년을 벗어났다고 해서 교구 사용을 꺼리실 필요는 없습니다.

제가 가르쳤던 학생의 사례를 들어볼게요. 당시 중3이었던 B는, C중학교 전교 1등이었습니다. 하지만 본인이 공간에 대한 감각이 부족하다는 것을 너무나 잘 알고 있었고, 시험장이 아닌 평소 공부할 때에는 모든 입체도형을 전개도로 그려서 직접 만들어보는 아이였죠. 아이가 풀고 있는 문제들은 그렇게까지 할 필요도 없고, 충분히 요령으로도 풀 수 있는 것들이었지만 B는 본인의 고집으로 직접 손으로 만들어서 만져본 후에야 그 문제를 넘어가곤

했습니다. 그 과정에서 본인의 생각대로 전개도를 만들었다가 실패를 하기도 했죠. 하지만 그것을 바탕으로 재도전하고 결국 성공도 했기 때문에 누구에게서 배운 것 이상의 성과가 있었습니다. 아이 나름대로 본인의 단점을 극복하는, 수학을 이해하는 방법을 터득했던 것이죠. 그러니 우리 아이가 부족한 부분을 위해 필요한 것이 있다면 수준 생각하지 마시고 과감히 지원해주세요.

최근에는 포털사이트, 유튜브 등만 검색을 해봐도 교구를 만들고, 활용하는 방법부터 구입 기준, 구입처까지 다양한 정보들을 얻으실 수 있는데요, 몇 가지만 당부 말씀 드립니다. 일단 전집 사듯이 교구 세트를 사는 것은 반대입니다. 교구를 고를 때에는 우선 주변에서 친숙한 물건들을 교구(동전이나 젤리곰, 카드 등)로 삼아 활용하다가 기능면에서 활용성이 좋고 체계적인 것으로, 교구의 필요성이 느껴질 때 조금씩 그 가짓수를 늘려나가는 것이 좋습니다.

추천하는 교구 리스트는 다음과 같습니다. 각 학년의 영역별 교구를 확인하시고, 꼭 구입하시지 않아도 대체해서 사용할 만한 것들을 적절하게 활용하시면 좋겠습니다.

학년	구분	영역	교구명
초 1-2	필수	수와 연산	연결 수모형, 수 모형, 숫자 카드와 기호 카드, 바둑돌, 수 배열표, 덧셈 구구표, 모형 화폐, 산가지, 주사위
		도형	모양 조각, 도형판, 입체모형세트, 평면도형 그림카드, 칠교판
		측정	모형 시계, 쌓기나무, 모눈종이판
		규칙성	모양자
		자료와 가능성	속성 블럭
		기타	양팔저울, 계산기, 줄자
	권장	수와 연산	공깃돌, 점도미노
초 3-4	필수	수와 연산	수 모형, 분수막대, 분수원판, 모눈판, 모형 화폐, 색막대, 숫자 카드와 기호 카드
		도형	도형판, 각도기, 컴퍼스, 모양조각, 모형 시계, 색종이, 삼각자
		측정	눈금 실린더, 계량컵, 자, 전자저울, 가정용저울
		규칙성	바둑돌, 계산기
		기타	모눈종이판
	권장	수와 연산	연산 주사위, 곱셈막대, 분수카드, 소수카드, 소수막대
		도형	둥근 색종이, 펜토미노, 접자
		규칙성	달력, 성냥개비
초 5-6	필수	수와 연산	분수막대, 분수원판, 모양조각, 연결 수모형, 색막대, 모눈종이판, 색종이, 바둑돌, 수 모형, 계산기
		도형	도형판, 입체도형세트, 입체도형 전개도 세트, 쌓기나무, 삼각자
		측정	어림자, 구름자, 줄자
	권장	수와 연산	숫자 카드
		도형	펜토미노
		측정	둥근 색종이

3장 실력이 늘고 성적이 올라가는 '진짜' 수학 공부법

중등	필수	수와 연산	모눈종이판, 스프레드시트형 프로그램, 계산기, 수배열판
		문자와 식	대수막대, 양팔저울,
		함수	그래프 작도 프로그램
		기하	색종이, 삼각자, 모눈판, 입체도형세트, 도형판, 피타고라스 회정기, 피타고라스 정리 퍼즐, 각도기, 클리노미터
		확률과 통계	통계 프로그램, 주사위
		기타	구의 겉넓이 실험기, 줄자, 바둑돌
	권장	수와 연산	에라토스테네스의 체 실험판, 쌓기나무, 톱니바퀴, 음수양수활동세트
		문자와 식	황금분할기
		함수	스트링아트
		기하	다각형내각합 퍼즐, 다각형외각합 퍼즐, 원넓이 실험기, 도형 분할 퍼즐, 부피 천칭, 삼각형 내외심기, 내외심 회전관찰기, 원주각실험기
		기타	화살 돌림판세트

〈수학 수업용 교구 표준안 개발 연구〉, 한국과학창의재단, 2017

흥미를 공부로 끌어올리는 수학 독서

지금까지 실생활 퀴즈, 관심 영역의 질문, 교구 활용과 놀이에 관련하여 수학적 흥미를 이끌어내는 방법들을 살펴봤는데요, 이제는 이 놀이의 즐거움을 책 읽기로 확장시킬 타이밍입니다. 앞서서도 말씀 드렸듯이 깊이 있는 수학 학습을 위해서는 호기심 해결, 놀이에서 확장하여 실제 공부로 연결시키는 '독서'가 필수입니다. 수학의 개념을 쉽게 이해시켜주는 수학 동화는 1장에서 소개한대로, '스토리텔링 중심 동화'와 '주제 중심 동화'가 있고 각자 분명한 장단점이 있는데요, 어느 쪽을 선택하시건 추천 도서를 아이들에게 사주기 전에 학부모님들께서 먼저 읽어보시기를 추천합니다. 아이들의 책을 읽다 보면 앞서 언급한 수학의 '일상적 노출'을 따로 준비하지 않아도 저절로 해내실 수 있고, 또 아이들에게 추천도서가 아니더라도 재미있어하고 알찬 내용을 가진 수학 도서를 직접 골라줄 수 있는 눈이 생깁니다. 그리고 영역별로 책 1권씩을 선택하여 구매하실 때에는 반드시 2~3권의 선택지를 아이들에게 주셔야 합니다. 아이는 엄마가 골라준 책보다 본인이 골라 읽은 책에 대해서 더 애착을 느끼고 책임감을 갖습니다. 절대로 책을 고르는 즐거움을 빼앗지 말아주세요. 아이들에게 '엄마가 골라준 책'은 읽어야만 하는 숙제일 뿐입니다.

저학년이 읽는 스토리텔링형 수학 동화는 스토리에 치중해 수학적으로 허술한 내용들을 가진 것들도 많은데요, 그렇다고 걱정하실 필요는 없습니다. 이 책들을 읽는 목적은 엄청난 수학적 지식을 얻는 것이 아닙니다. 그보다는 수학에 대한 흥미를 이어가고 이후의 독후활동이 더불어 즐거울 수 있다면 충분하다고 생각해주세요. 하지만 초등 고학년 이후라면 반드시 책을 읽는 구체적인 목적이 있어야 합니다. 그래서 초등 고학년 이상 학생들에게 제가 추천하는 도서들은 대부분 '주제 중심 동화'로서 학교에서 배우는 개념의 심화, 확장 내용으로 구성되어 있습니다. 다 살이 되고 뼈가 되는 내용들이니 많이 읽을수록 좋지만 〈수학자가 들려주는 수학 이야기〉 같은 세트는 절대로 전집을 구매하지 마시기 바랍니다. 대부분의 도서관에 세트 전체가 구비되어 있으며 도서관에서 인기있는 책이 아니기 때문에(아이들이 흥미 있어하는 종류는 아니니까요) 수행평가 책으로 지정되지만 않았다면 언제든지 빌려볼 수 있습니다. 무려 88권으로 구성된 세트이니만큼 1권부터 모두 읽히지 마시고 제가 드리는 추천 도서 리스트를 보고 관련된 수학자의 책만 예습 차원에 읽히시는 것을 추천합니다. 또, 도서관 이용이 번거롭거나 어렵다면 e-book으로도 빌려보실 수 있으니 정기구독 서비스(교보문고 SAM, 밀리의 서재, 리디북스 등)를 이용하거나 전자도서관을 이용해보시는 것도 좋습니다. 중요한 것은 책을 읽는 것에서 멈추지 말고 후속 활동으로서 교과서 읽기, 관련 영상 찾아보기, 대표 문제 풀어보기 등을 반드시 병행해야 한다는 것인데요, 그 구체적인 내용은 뒤이어 나오는 〈수학 공부의 핵심, 개념학습〉에서 좀 더 자세히 설명 드리도록 하겠습니다. 추천도서 전체 리스트(초1~중3)는 옆의 QR코드로 다운 로드 받으실 수 있습니다.

초중등 수학 교과 영역별 추천 도서 리스트 예시

학년	영역	책 이름	지은이	출판사
초 1-2	수와 연산	처음 만나는 수학 그림책	미야니시 타츠야	북뱅크
		날아라 숫자 0	팀 리히텐헬드	봄나무
		이상한 나라의 숫자들	마리아 데라 루스 우리베	북뱅크
	도형	쌓기나무, 널 쓰러뜨리마!	강미선	북멘토
		세상 밖으로 나온 모양: 여러 가지 모양	이재윤	아이세움
		일곱 빛깔 요정들의 운동회	강혜숙	한울림 어린이
	측정	도깨비 얼굴이 가장 커! : 비교편	이범규	비룡소
		왜 내 것만 작아요?	박정선	시공주니어
		똑딱 똑딱!	제임스 덴버	그린북

마지막으로, 수학과 관련된 체험활동을 많이 경험하게 해주시면 좋습니다. 우리나라에도 수학과 관련된 체험관이나 관련 축제들이 많이 있는데요, 2018, 2019년에 경남 창원http://gnse.gne.go.kr/과 서울 노원http://nowon.kr/에 개관한 수학문화관을 필두로 앞으로 5년간 17개의 지자체에서 '수학문화관'을 추가 건립 지원할 예정이라는 소식도 있습니다. 또한 1997년부터 해마다 과학기술정보통신부와 한국과학창의재단이 주최하는 〈대한민국과학창의축전 https://www.scienceall.com/〉에서는 수학과 관련된 학생과 일반인을 대상으로 한 다양한 프로그램 및 강연회, 체험전이 열리고 있습니다. 또 1년에 한 번 열리는 국립중앙과학관의 〈무한상상 수학체험전https://www.science.go.kr/〉, 국립과천과학관의 〈수학문화축전https://www.sciencecenter.go.kr/〉, 제주특별자치도와 제주특별자치도교육청이 주최하는 〈JMF 제주수학축전〉도 아이들이 체험하면 좋을 다양한 수학 관련 행사들을 진행합니다. 단, 주의할 것은 체험활동이 단순히 체험장에 가서 기구를 만지고 노는 수준에 머물러서는 안 된다는 것입니다. 특히 수학문화관 체험을 할 때에는 도슨트 프로그램을 적극 활용하시기 바랍니다. 체험활동 및 기구에 숨겨진 수학적 의미와 원리 등에 대해서 설명을 듣고 이해한 후 집에 돌아와서는 관련된 개념 학습 및 문제 풀이 등 '학습'으로 이어지도록 해야 합니다.

수학이 재미있어지는 <퀴즈 아이디어 노트>

수학의 흥미를 불러일으키는 도구로는 교구, 수학 동화(도서)뿐만 아니라 보드게임, 퀴즈북 등이 있습니다. 저는 이 퀴즈 이야기를 할 때마다 예전에 가르치던 D가 생각납니다. 농구선수가 꿈인 착하고 해맑은 아이였는데, 당연히(?) 수학 공부도 열심히 하지 않았고, 성적도 그렇게 좋지 않았습니다. 하지만 D가 즐거워하던 수학 수업이 있었는데요, 바로 퀴즈 시간이었습니다. 당시 저는 아이들의 머리를 말랑말랑하게 해주고 싶은 생각에 일주일에 한 번 1시간씩 장르를 불문한 '수학 퀴즈' 수업을 했습니다. 어떤 날은 스도쿠 같은 게임을 하기도 하고, 어떤 날은 도형 옮기기 게임을 하기도 했지요. 그 당시에는 왜 저 아이가 이 시간을 이렇게나 좋아할까 생각했었는데 지나고 보니 아마도 그 시간이 '틀려도 주눅 들지 않는' 유일한 수업이었기 때문이었던 것 같습니다.

우리 아이들에게도 이 퀴즈 시간은 자신의 의견을 자유롭게 내보일 수 있는 '즐거운' 시간이 될 겁니다. 어떤 퀴즈인지는 중요하지 않아요. 시중에는 아이와 어른이 함께, 또는 각자 볼 수 있는 많은 퀴즈 도서들이 있습니다. 책은 아이와 같이 서점에 나가서서 직접 보고 선택하시는 것을 추천합니다. 너무 쉬워도, 너무 어려워도 적합한 책이 아니니 아이와 함께 한 두 문제 정도 풀어보고 결정하세요. 저는 여기에 그 시간을 조금 더 의미 있게 만들기 위해 노트 한 권을 추가하시기를 추천하는데요, 형식은 제한이 없습니다. 그냥 아이와 같이 퀴즈 문제를 보고 아이디어를 적어놓는 노트예요. 일차적으로는 수학적 사고가 정리되는 노트가 되겠지만 다양한 영역에서 아이디어를 제공받는 나만의 '아이디어 노트'가 될 수도 있습니다. 수학은 어디에나 있으니까요. 그리고 그게 제가 이 장에서 말씀 드린 '진짜 수학공부'을 시작하는 방법이기도 하지요.

연산으로 단단해지는
수학 기초

아이들이 초중고를 거치면서 배우는 수학 영역에는 〈수와 연산〉, 〈문자와 식〉, 〈함수〉, 〈기하〉, 〈확률과 통계〉 (초등학교의 영역은 수와 연산, 도형, 측정, 규칙성, 자료와 가능성으로 구분함) 총 5가지가 있습니다. 이 중 초등학교에서는 〈수와 연산〉 단원에서 '연산'에 더 포커스를 맞춰 사칙연산의 원리를 익히고, 수의 범위가 확장됨에 따라 이 사칙연산의 원리를 수에 적용시키는 연습을 합니다. 하지만 중학교 〈수와 연산〉 단원에서는 연산보다는 '수'에 더 중점을 수고 수의 범위를 실수實數까지 확장하여 학습하죠. 그래서 연산은 다른 수학 영역을 '계산'하는 수학의 '도구'로서 인식되기 쉽습니다. 사실 완전히 틀린 얘기는 아닙니다. 하지만 연산을 도구로만 인식하고 편향적인 학습을 하게 되면 문제 풀이 전반에서 문제가 발생니다. 애초에 연산이 되지 않으니 더 고차원적인 문제 해결에 애를 먹는 것인데요, 그렇다면 구체적으로 어떤 문제가 발생할까요?

우선 각 연산의 개념과 이해 과정이 모두 생략될 가능성이 높습니다. 개념 이해 과정이 생략되다 보니 연산을 위한 다양한 방법이 모두 무시되고, 계산을 하는 스킬만 배울 가능성이 높아지죠. 또한 이렇게 이해가 안 된 상태에서 난이도가 높은 복잡한 연산을 만나게 된 아이들은 '실수'라는 것을 하게 됩니다. 그리고 대부분 이 '실수'를 본질적인 문제로 생각하지 못하고 그냥 실수하는 '습관'으로 받아들여 더 많은 문제를 불러일으키지요. 사실 아이가 연산에서 실수하는 이유는 매우 다양합니다. 그런데도 불구하고 연산 실수의 해결책은 단 하나, 반복 연습뿐입니다. 그런 상황이다 보니 아이들은 연산이 너무나 싫습니다. 그런데 하필 그 연산이 다른 모든 수학 영역의 기초라는 것이 문제입니다. 수학을 처음으로 공부하는 아이가 '수학 공부가 이렇게 따분하게 반복하는 것이라면 하기 싫다'고 생각하게 된다는 것이죠.

수학의 기초, 연산의 기초

연산은 수학의 기초 단계이자 가장 중요한 뿌리입니다. 1장에서도 언급했듯이 연산 능력만 제대로 갖추고 있으면 수능을 1년 앞두고도 얼마든지 해볼 만하다고 여길 수 있을 정도로 중요하죠. 그런 만큼 초등학생 자녀가 있다면, 연산을 제대로 배우는 것에 목숨을 걸어야 합니다. 그래서 많은 학부모님들이 오늘도 자녀들에게 연산 학습지를 몇 권씩 풀리고 있는 것이고요. 그럼 이 연산 공부는 얼마나 해야 만족할 만한 수준의 실력을 얻게 될까요? 시중에 나와 있는 연산 문제집이나 방문 학습지들은 일정 분량을 매일 몇 장씩 푸는 형태로 구성되어 있습니다. 사실 좋은 습관을 들이고 수학적 '감각'을 유지하는 측면에서 매일 학습은 매우 권장할 만합니다. 저를 포함한 수학을 가르치는 선생님들조차도 오랫동안 하지 않으면 속도와 정확도가 떨어지는 것이 연산 파트이니까요. 그런데 그 양이 우리 아이에게 적합한 수준인지 아닌지 파악한 후 진행하고 계신가요? 보통 문제집들은 4페이지(2장) 정도를 하루 분량으로 제시하고 있는 경우가 많습니다만 저는 아이에 따라서 그 양이 조금은 유동적이어도 된다고 생각합니다. 사실 더 적어도 괜찮다고 생각하는데요, 대신 아래와 같은 원칙들은 꼭 지켜야 합니다.

1. 적은 분량이라도 매일 꾸준히 할 것(초등학생은 주말에는 쉽게 해주는 대신, 책을 읽거나 교구를 활용한 놀이 시간으로 분배해주세요).

2. 틀린 문제는 포함된 개념을 교과서나 개념서를 통해 공부하고 다시 풀어볼 것.

3. 부모님은 숫자를 바꾸어 아이의 실수를 다시 한 번 확인할 것.

그렇다면 방법 면에서는 어떤 점을 주의해야 할까요? 우선 연산 단원 안에 있는 개념과 용어를 제대로 익혀야 합니다. 예를 들어, 곱셈이 덧셈의 원리에서 왔다는 것, 나눗셈이 뺄셈의 원리에 왔다는 것을 아이들이 이해할 수 있어야 합니다. 곱셈과 덧셈의 원리 이해는 연산뿐만 아니라 구구단을 쉽게 외우는 것과도 관련이 있는데요, 보통 교과서에서는,

2단 ⇨ 5단 ⇨ 3단 ⇨ 4단 ⇨ 6단 ⇨ 7단 ⇨ 8단 ⇨ 9단

의 순서로 외우도록 하지만 곱셈이 덧셈의 원리에서 나왔다는 것을 이해하는 아이라면,

5단(0과 5를 반복하는 원리를 이해)

⇨ 2단(2씩 더해지는 덧셈의 원리를 이해, 같은 원리로 4단, 8단 학습)

⇨ 3단(3씩 더해지는 덧셈의 원리는 이해, 같은 원리로 6단, 9단 학습)

⇨ 7단

의 순서로 외울 수 있으니 더 효과적이겠죠.

구구단의 단순 암기는 자칫 너무 어린 나이에 '수학은 외우는 것'이라는 생각을 심어줄 우려가 있습니다. 물론 수학에는 분명 암기가 필요한 부분이 있지만 이는 맹목적인 암기가 아닌, 이해에 의한 암기여야 합니다.

또 하나 예를 들어보겠습니다. 아이들로 하여금 처음으로 수학을 포기하게 만든다는 '분수의 개념'을 잘 모를 경우 발생하는 일입니다. 초등학교 4학년 때 아이들은 분모가 같은 진분수의 덧셈을 배우는데요, 그럼 아래 문제의 답은 무엇일까요?

$$\frac{2}{7} + \frac{1}{7} =$$

당연히 $\frac{3}{7}$입니다. 아이들 수준에서도 어렵지 않은 문제죠. 그런데 정답을 맞춘 아이에게 이렇게 물어보세요. '왜 분수의 덧셈에서 분자만 더하고 분모는 더하지 않을까?' '왜 저 문제의 답은 $\frac{3}{14}$이 아닌 걸까?'라고요. 분수의 개념에 대해서 제대로 배운 아이라면 청산유수까지는 아니어도 알고 있는 한 최선을 다해 이유를 말하겠지만 그렇지 않은 아이는 '그냥 그렇게 하는 거야' 또는 '선생님이 그렇게 하는 거래'라고 대답할 겁니다. 사실 두 아이 다 저 문제의 답을 내는 데에는 문제가 없습니다. 하지만 문제의 원리를 이해하지 못하면 이후의 연산에도 영향을 미치게 된다는 것이 문제죠. 당장 5학년 때, '통분을 통한 분모가 다른 진분수의 덧셈'도 이해하지 못할 것이고, 이후에도 헷갈리기 쉽습니다. 놀라지 마세요. 분모가 다른 분수의 합과 차를 계산하지 못하는 고등학생이 생각보다 많습니다. 그러니 연산을 제대로 배우는 첫 번째 방법은 '연산하는 원리와 개념이 궁금한 아이로 만들자'입니다. 그리고 그 궁금한 원리를 조작활동을 통해서 몸으로 이해하고 기억하게 해주어야 합니다.

연산, 사고력, 교과 수학을 분리하지 말 것

많은 학부모님이 연산과 사고력 수학, 교과 수학을 모두 분리하여 생각하곤 합니다. 그런데 가만히 살펴보면 초등학교 1~2학년은 교과서, 사고력 수학 문제집, 교과 수학 문제집, 어딜 봐도 온통 연산 문제밖에 없습니다. 이 시기에는 교과서의 63%가 연산 단원으로 구성되어 있기 때문이죠. 사고력 수학 문제집도 문장제 문제로 구성되어 있을 뿐 결국 연산 능력을 묻는 문제들입니다. 아래 문제들을 함께 보시죠.

1)   32
    +) 17

2)   다음의 숫자를 이용하여 물음에 답하시오.

    3, 2, 1, 7   i) 빈칸에 숫자를 하나씩 넣고 계산하여
      □□   나온 서로 다른 값은 몇 가지인가요?

    +) □□   ii) i)에서 나온 값 중 가장 작은 수와 가장
                큰 수의 합은 얼마인가요?

    1)번은 전형적인 연산 문제입니다. 두 자리 숫자와 두 자리 숫자의 합을 물어보는 문제이죠. 2)번은 1)번과 동일한 구성의 숫자들을 주고, 스스로 두 자리 숫자를 만들어 그 합 구하라는 문제입니다. 그리고 그 숫자의 조합에 따라 만들어지는 계산 값의 개수와 이 계산 값의 최솟값 및 최댓값까지 물어보네요. 그럼 이 두 문제는 다른 문제인가요? 네, 분명 난이도는 많이 차이가 납니다.

하지만 두 자리 숫자들의 합을 구하라는 문제의 의도는 본질적으로 다르지 않습니다. 우리는 1)번을 연산 문제, 2)번을 사고력 문제라고 부릅니다. 저는 사고력 문제 안에도 연산의 개념이 당연히 들어간다고 생각합니다. 1)번을 공부할 때, 제대로 개념과 원리를 배웠다면 2)번 문제도 충분히 풀 수 있습니다. 만일 우리 아이가 연산, 사고력, 교과 더 나아가서 심화 문제집까지 종류별로 여러 권의 문제집을 동시에 풀고 있다면 지금 당장 필요한 1권으로 줄이세요. 많은 아이들이 종류별로 매일 할당된 많은 문제를 풀어야 한다는 압박감과 시간 부족으로 인해 너무 어릴 때부터 생각할 시간을 빼앗깁니다. 하지만 어릴 때는 무엇보다 왜 그런지 생각해보는 '여유'의 시간이 필요합니다. 그러니 아이에게 3중고의 숙제를 주지 마시고, 한 번에 1권의 문제집에 집중하도록 해주세요. 제대로 공부한다면 연산 문제집을 통해 사고력도, 교과 내용도 챙길 수 있고, 사고력 문제집을 통해서 연산력도 키울 수 있습니다.

'처음부터'가 아니라 '부족한 부분만'

연산을 극복하는 세 번째 방법, 부족한 단원의 연산 연습을 집중적으로 하는 것입니다. 물론 이 단원을 왜 힘들어하는지 그 이유에 대해서는 원리와 개념을 제대로 이해하고 있는지, 이해한 내용을 잘 적용하고 있는지부터 세세히 파악해야 합니다. 개념을 이해하지 못해서 연산이 안 된다면 뒤이어 오는 〈개념 공부〉 편의 내용을 참고하여 개념 공부를 먼저 끝내야 하고, 연습이 부족해서 발생하는 숙달의 문제라면 지금부터는 더 꼼꼼히 푸는 연습을 해야 합니다. 그런데 대부분의 부모님들이 이런 점검의 과정 없이 무조건 맨 앞부터 풀리기 시작합니다. 지금부터라도 문제집을 사면 맨 앞부터 전체를 다 풀어야 한다는 편견은 버리세요.

문제집을 푸는 순서나 법칙이라는 것은 없습니다. 그보다는 각자의 필요에 의해 문제를 버릴 줄 알아야 합니다. 한 권의 연산 문제집을 처음부터 끝까지 반복해서 여러 번 풀어야 하는 아이에게는 연산 문제집, 그 자체가 공포입니다. 시중에 나와 있는 연산 문제집 중에는 일주일 동안 1권을 다 풀도록 유도하는 것도 있는데, 이런 문제집이야 말로 아이를 문제 푸는 기계로 만듭니다. 그러니 단원을 숙달시키는 데 연산에 문제가 있는 것 같다면 그 부분만 중점적으로 다룬 문제집(예를 들어, 아래와 같이 분수를 중점적으로 다루고 있는 문제집)을 구입하던가 아니면 전체가 담긴 문제집을 구입하더라도 그 단원들만 발췌 학습하는 것이 더 효과적입니다.

명심하세요. 안 푼 문제집 몇 페이지가 아까워서, 혹은 그래도 더 연습하면 더 좋지 않을까라는 생각이 아이들로 하여금 수학에 질리게 합니다.

연산 실수를 줄이는 세 가지 비법

마지막으로, 연산 실수를 최대한 줄여야 합니다. 아이들은 생각보다 연산에서 많은 실수를 하는데요, 간단하게는 다 풀어놓은 답을 잘못 옮겨 적는 것부터 문제를 잘못 보고 푸는 경우, 잘못된 연산 습관(받아내림, 받아올림과 같은)이 고착화된 경우 등 다양한 이유가 있습니다. 하지만 그 본질은 두 가지죠. 개념이나 원리를 제대로 배우지 않았거나 집중을 하지 않거나. 전자에 대해서는 다음 파트에서 조금 더 자세히 말씀 드리기로 하고, 여기서는 집중력 부재로 인한 실수를 고치는 방법에 대해서 이야기하겠습니다. 연산 집중력을 키우는 데는 다음 세 가지 해법이 있습니다.

첫 번째, 문제를 잘못 보거나 답을 옮겨 적을 때 잘못 옮겨 적는 등 '잘못 보는' 경우입니다. 문제를 잘못 본다면, 문제에 직접 풀이를 하지 말고 문제부터 풀이까지 문제집 구석이나 노트에 옮겨 적는 연습을 시켜보세요. 만일 이런 방법을 써도 계속해서 실수를 한다면 작게 중얼거리는 것을 추천합니다. 시력이 나쁘면 다른 기관의 도움을 받아야죠. 간단하고 누구나 쉽게 시작할 수 있는 방법입니다.

두 번째는 조금 더 효과적이고 복잡한 방법입니다. 일명 블라인드 채점이라고 하는 방법인데요, 제가 아이들을 가르칠 때 꽤 여러 명의 제자들을 연산 실수의 늪에서 건져내었던 묘책입니다.

1. 아이가 자주 실수하는 파트의 문제를 20문제 정도 추려냅니다. 20문제 정도이니 손으로 써서 직접 시험지를 만들어 주세요.
2. 시간의 한계를 두지 말고 최선을 다해서 실수 없이 문제를 풀라고 이야기합니다.
3. 아이가 다 풀었다면 이제 채점을 할 시간인데요, 절대 틀렸다, 맞았다는 기호 표시를 시험지에 하지 마시고 눈으로만 채점을 합니다. 어떤 표시도 안 됩니다.
4. 아이에게 시험지를 다시 돌려주면서 총 20문제 중 틀린 문제의 개수를 말해줍니다. 그리고 모든 문제가 다 맞을 때까지 이 과정을 반복하겠다고 말씀하시는 거죠.

아이는 황당해합니다. 보통의 시험은 풀고 난 후, 채점해서

3장 실력이 늘고 성적이 올라가는 '진짜' 수학 공부법

틀린 문제를 고치고 끝내는 순서로 진행됩니다. 그런데 이 시험은 본인이 어떤 문제를 틀렸는지 모르는 채로 틀린 문제를 다 찾아낼 때까지 일일이 문제를 다시 풀어봐야 합니다. 당연히 아이는 반발을 합니다. 처음부터 미리 이야기하지 않았다고 거부하는 아이도 있을 수 있습니다. 그러니 시험을 보기 전 반드시 미리 약속을 합니다. '오늘 연산 공부는 이것만 하겠다.' 그리고 '최선을 다해서 틀리지 않게 풀기'로 약속을 합니다. 처음에는 화를 내는 아이도 있겠습니다만, 이 부분은 우리 아이를 가장 잘 아는 학부모님께서 잘 지도해실 걸로 믿습니다.

처음에는 황당해하지만 테스트가 반복되다 보면 아이는 20문제 테스트는 앞으로 이렇게 진행된다 하고 인식하게 됩니다. 그리고 다음 시험에서는 20문제를 한 번만에 통과하기 위해 애를 쓰지요. 한 번에 통과하지 못하면 직전 시험에서처럼 어떤 문제를 틀렸는지 찾다가 처음부터 모든 문제를 다시 풀게 될 수도 있으니까요. 이해되셨나요? 이 활동은 '메타인지력'을 키우는 방법으로도 활용될 수 있습니다. 여기서 잠시 짚고 넘어가자면, 우등생들은 공통적으로 '메타인지력이 높다'는 연구 결과가 있습니다. 메타인지력이란 쉽게 말해 내가 무엇을 알고 무엇을 모르는지 스스로 아는 능력인데요, 학습을 하면서 여러 분야에 활용될 수 있는 능력이지만 저는 아이들이 연산 문제를 풀고 나서 내가 이 문제를 틀렸는지 맞았는지를 수학적 감感으로 판단하는 것 또한 메타인지력의 연장이라고 생각합니다. 블라인드 테스트를 계속하게 되면 아이들의 메타인지력 상승에도 도움이 되니 꼭 해보시기를 추천 드립니다.

세 번째는 함정 문제를 통한 집중력 향상 법입니다. 이 방법은 실수를 줄이는 해법이기도 하지만 연산 학습에서의 이해, 적용, 숙달 단계를 거친 후 기본적인 과정으로 연습해도 좋고, 빠르고 정확하게 문제를 풀어야 하는 시험 대비 연습으로도 추천합니다. 그럼 구체적인 예를 들어보겠습니다.

다음 분수식을 계산하시오.

$$4\frac{2}{7} \times 2\frac{1}{3}$$

풀이 : $\frac{30}{7} \times \frac{7}{3} = 10$

답은 위와 같은데요, 이렇게 평범한 문제를 다음처럼 바꿔보겠습니다.

다음 분수식을 계산하시오.

단, ▨표시된 숫자는 계산하지 않습니다.

$$4 \frac{2}{7} \times 2 \frac{1}{3}$$

풀이 : $\frac{2}{7} \times \frac{1}{3} = \frac{2}{21}$

똑같은 수식임에도 불구하고 규칙이 생기면서 전혀 다른 문제가 되었죠? 이 문제를 제대로 풀기 위해서는 연산 능력과 함께 '문제를 이해하는 능력'이 필요합니다. 우리 아이가 자주 틀리는 단원의 문제를 발췌하여 이렇게 함정 문제로 변주해보세요. 처음에는 학부모님께서 문제 출제를 전적으로 맡으셔야 하지만 익숙해지면 아이에게 스스로 변형 문제를 만들고 답을 내보게 해서 집중력을 끌어올리는 연습을 시켜주시기 바랍니다. 다만 한 가지, 변형된 문제로 테스트를 하실 경우 반드시 아이보다 먼저 문제를 풀고 답을 정확히 낸 후 시행하셔야 합니다. 나중에 틀린 답안으로 시끄러워질 수도 있으니까요.

실수도 줄이고 서술형 대비도 할 수 있는
〈풀이 노트〉

우리 아이는 수학 문제 풀이를 어디에 하고 있나요? 문제집이나 책 구석에 보이지도 않는 작은 글씨로 끄적거리며 풀고 있지는 않나요? 예전에는 풀이 노트의 필요성에 대해서 이견이 많았습니다. 결국 시험을 위한 수학 공부라는 관점에서 봤을 때, 시험장에는 연습장/풀이노트를 가지고 들어가지 못하기 때문이죠. 그렇기 때문에 시험장의 환경에 적응하여 시험지 구석 같이 좁은 공간을 가지고도 문제를 풀 수 있어야 한다고 했습니다. 게다가 객관식과 단답형 주관식으로 이루어진 수능 시험지는 문제 간의 간격이 굉장히 넓기 때문에 실제로 그 공간을 활용해 충분히 문제를 풀 수 있습니다.

그런데, 학교 지필시험에서 서논술형의 비중이 높아지고, 수학 수행평가에서 서술형 문제를 풀고 그 풀이과정을 평가하기 시작하면서 풀이 노트의 중요성이 다시 대두되었습니다. 사실 풀이 노트는 장점이 많습니다. 식을 깔끔하게 적어서 풀이 노트를 쓰게 되면 풀이과정 중 계산 실수나 오개념에 의한 착각이 있더라도 바로 그 부분을 찾아 쉽게 수정할 수 있습니다. 풀이과정의 나열 없이 끄적끄적 푼 흔적에서는 어디에서 계산이 잘못 되었는지 찾기가 어렵죠. 결국 처음부터 다시 풀어야만 합니다. 게다가 서논술형과 수행평가의 비중이 점점 더 높아지다 보니 식을 깔끔하게 잘 쓰는 능력이 '그저 갖추고 있으면 장점이 되는'이 아니라 점수와 직결되는 필수 역량이 되었습니다. 그러니 만일 지금 풀이 노트를 쓰고 있지 않은 아이라면 오늘부터 연습장이나 노트 한 권을 마련해 풀이과정과 계산식을 자유롭게 쓰는 풀이 노트를 만들어주시기 바랍니다. 시작부터 너무 큰 기대는 하지 마세요. 처음부터 완벽한 풀이과정을 적고 정확한 계산 과정을 써내는 아이는 거의 없습니다. 다 훈련을 통해서 배워가는 것이죠. 노트를 세로로 2등분이 되도록 종이를 접어 위의 반 페이지에는 풀이과정을 적고 나머지 반 페이지는 자유롭게 계산식을 쓰는 연습장 용도로 사용하세요. 그리고 익숙해지면 풀이과정 안에도 계산 식들을 넣을 수 있게 됩니다. 참 쉽죠? 풀이 노트는 누구나 바로 시작할 수 있는 노트입니다. 하지만 쉽게 시작한 이 노트가 '습관'이 되는 것은 어렵습니다. 그리고 내용이 '충실해지는 것'도 어렵죠. 하지만 꾸준히 쓴 풀이 노트는 연산을 넘어 사고력 문제, 고난이도 문제로 갈수록 더 큰 도움이 됩니다. 시작은 미미하지만 끝은 빛날 수 있도록 '나만의 풀이 노트' 꼭, 만들어보기 바랍니다.

수학 공부의 핵심,
개념 학습

수학은 '개념을 제대로 아는 게 핵심'이라는 말, 많이 들어보셨을 겁니다. 또 수학 문제를 제대로 풀기 위해서는 이 '개념들을 잘 조합해야 한다'는 말도요. 실제로 수능 수학에서는 킬러 문항으로 개념들이 극단적으로 많이 적용된 문제가 출제되기도 합니다. EBS 프로그램 〈대한민국 수학 교육보고서 1부 우리가 절망하는 몇 가지 이유〉(EBS, 2018)를 보면 2018학년도 수능 수학 (나)형 30번 문제에 수학 개념이 몇 개 적용되는지 현직 선생님들과 함께 체크해보는 장면이 나옵니다. 몇 개가 사용되었을까요? 물론 그해에 가장 어렵다는 킬러형 문제이긴 했으나 그 한 문제에 적용된 개념의 개수는 초등학교 과정 26개, 중학교 15개, 고등학교 15개였습니다. 총 56개였죠. 만일 이중 하나라도 잘못 알고 있거나 모르는 것이 있는 학생은 문제를 푸는 데 애를 먹었을 겁니다. 그리고 모두 안다고 해도 개념들을 조합해 문제의 실마리를 풀어가는 데 실패했을 수도 있고요. 이를 반영하듯 당시 이 문제의 정답율은 7.1%였답니다. 하지만 다른 해의 킬러 문항과 비교했을 때 비교적 정답률이 높은 편이었다는 점도 말씀 드려야 하겠네요.

초중고 12년 동안 수학 과목 전체에서 배우는 개념의 개수는 650~700여 개(교육과정과 선택과목, 계열에 따라 달라질 수 있음)입니다. 그런데 이 개념들을 우리 아이는 제대로 배우고 있을까요? 또, 개념은 어떻게 배우는 것일까요? 먼저 아이들의 수학 교과서를 살펴보겠습니다. 교과서는 개념 학습의 기본 교재로서 학생들에게 꼭 필요한 개념들을 비교적 자세히 설명하고 있지만 이 또한 완벽한 교재라고는 볼 수 없습니다. 왜냐하면, 자기주도학습용으로 나온 교재가 아니기 때문에 선생님의 수업 지도안에 맞춘 실제 수업이 뒷받침되어야 하거든요. 그 과정에서 각 선생님의 역량 및 수학 교육 전반에 대한 이해도와 수업 준비에 따라 아이들의 개념 이해도 영향을 받습니다. 이 말은 같은 교과서로 수업을 들어도 선생님에 따라 어떤 아이는 제대로 개념을 이해하지만 어떤 아이는 제대로 이해하지 못하는 '편차'가 생긴다는 말입니다. 제가 경험한 대부분의 아이들은 학교 수업을 듣고 와도 개념에 대해서 잘 설명하지 못했습니다. 개념을 몰라도 기본적인 문제를 푸는 데에는 지장이 없기 때문에 수업 진도 나가기에 바쁜 학교도, 문제집 풀이에 급급한 학원도, 과제 하는지 체크하기 바쁜 부모도 누구 하나 아이의 수학 개념 학습이 제대로 되고 있는지 신경 쓰지 않는 것이 현실이죠. 이렇게 아이는 제대로된 개념 학습이 무엇인지, '당연히' 경험하지 못한 채 중학생이 되고, 그때부터는 선생님이 설명하는 말의 일부를 이해하지 못하게 됩니다. 고등학교에 가면 생소한 수학 기호와 용어가 많이 등장하고 초중학교 때 기본적인 수학 개념들을 제대로 배우지 못한 아이는 이것 역시 쉽게 이해할 수 없습니다. 어느 시점이 지나면 선생님의 수업이 '외계어 같다'고 말하는 아이들이 등장하죠. 개념의 이해는커녕 쓰이는 용어도 알아듣지 못하는 우리 아이들의 현실은 이렇습니다.

착각하는 아이들

그런데 이 개념이라는 것은 대체 무엇일까요? 많은 아이들이 개념과 정의를 혼동합니다. 그도 그럴 것이 아이들이 공부하는 대부분의 수학 교재는 교과서나 개념서가 아니라 문제집 같은 '유형서'이기 때문입니다. 문제집에서는 수학 개념을 한 문장으로 표현해놓습니다. 예를 들어, 분수를 "전체에 대한 부분을 나타내는 수이며 $\frac{a}{b}$ 라고 표현한다"로 기술해놓는 식이죠. 그런데 이것이 분수의 개념일까요? 아래 그림을 함께 보시지요.

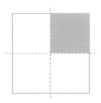

여기에 정사각형이 있습니다. 이 정사각형을 똑같이 4개로 나누고, 그중 1개의 양을 표현해봅니다. 4개 중의 하나라는 의미로 $\frac{1}{4}$ 로 표현할 수도 있고, 1개를 4개로 나눴다는 의미로 $\frac{1}{4}$ 을 사용할 수도 있습니다.

이것이 분수의 개념인데요, 그럼 이번에는 아래 그림들을 보고 같은 방식으로 표현해볼까요?

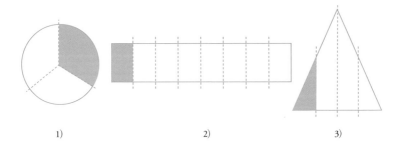

1)   2)   3)

그림 1)의 3등분된 원의 색칠한 부분은 $\frac{1}{3}$, 2)의 8등분된 직사각형의 색칠한 부분은 $\frac{1}{8}$이라고 표현할 수 있습니다. 그럼 마지막에 있는 삼각형의 색칠한 부분은 $\frac{1}{4}$이라고 할 수 있을까요? '이건 뭔가 다른데…' 하고 멈칫 하게 되시죠?

이런 비교를 통해 아이는 분수의 정확한 개념을 깨달아갑니다. 전체를 '똑같이' 나눈 다음 전체 중 부분을 나타낸 수라고 말이죠. 그리고 이것은 분수의 의미와도 연결이 됩니다. 분수에는 '전체에 대한 부분'의 의미 외에도 '수 자체', 나눗셈에서의 '몫'의 의미, '기준 값에 대해 비교하는 양'의 의미도 가지고 있거든요. 이렇게 개념이란 한 마디로 표현된 '정의'만이 아니라 머릿속에 있는 추상적인 생각을 '문제를 푸는 수학적 경험'을 통해 저절로 터득한 원리를 말합니다. 한 마디로 설명하기가 매우 어렵죠. 그래서 그만큼 개념을 익힌다는 것이 어렵습니다. 책 한 권으로 공부할 수도 없고요. 그런데 우리 아이들은 문제집의 요약식 개념 정리에 익숙해진 나머지 교과서나 문제집에 써 있는 정의를 외우고는 '나는 개념을 알고 있다'라고 착각을 합니다. 그 결과는 '아는' 문제를 틀리는 것으로 나타나지요.

이처럼 요약 정리로는 알 수 없는 개념을 제대로 이해하기 위해서는 먼저 '수학 용어'를 아는 것이 중요한데요, 예를 통해 좀 더 구체적으로 살펴보겠습니다. 우리 아이들이 중학교 2학년 때 배우는 이등변 삼각형을 예로 들어볼게요. 아시는 것처럼 이등변 삼각형은 이름 자체에 '두 변의 길이가 같은 삼각형'이라는 정의가 들어 있습니다. 하지만 '이등변삼각형의 두 밑각의 크기는 서로 같다', '이등변삼각형에서 꼭지각의 이등분선은 밑변을 수직이등분한다' 같은 성질을 이해하려면 '꼭지각'과 '밑변', '밑각'과 같은 새로운 용어들을 먼저 알아야 합니다. 다음 그림을 함께 보시고 답을 맞춰보세요.

아래 1)~3) 중 꼭지각은 몇 개일까요?

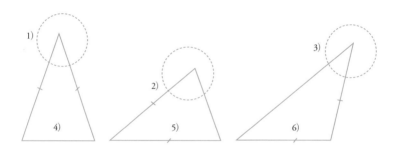

답은 1개입니다. '꼭지각'은 이등변 삼각형에서 '길이가 같은 두 변이 이루는 각'을 의미하므로 예시 중 꼭지각은 1)번뿐이지요. 간혹 꼭지각을 도형의 맨 위에 있는 각이라고 착각하는 경우도 있지만 중2 정도 되면 대부분 잘 이해하고 있어 이 문제는 오답률이 높지 않습니다. 다들 정답을 맞추셨죠? 그럼 다음 문제,

4)~6) 중 밑변은 모두 몇 개일까요?

이번에도 답은 1개입니다. 이번엔 조금 어려우셨나요? 아이들도 이 문제를 많이 틀립니다. 밑변은 '밑'이라는 글자 때문에 도형의 맨 아래에 있는 변이라고 착각하기 쉽지만 '꼭지각이 마주보고 있는 변'을 가리키는 용어입니다. 밑각 역시 도형 아래쪽에 있는 각이 아니라 '밑변의 양 끝 각'을 말합니다. 이처럼 하나의 개념을 이해하기 위해서는 연관된 용어들을 정확히 알고 있어야 하고 그래야 문제를 제대로 이해하고 풀 수 있습니다.

개념 잡는 용어 학습법

그렇다면 이런 용어는 어떤 단계를 거쳐 제대로 이해하고 배울 수 있을까요? 먼저 각 학년에서 배우는 수학 용어를 빠짐없이 정리해야 합니다. 우선 학기 초가 되면 아이와 2, 3일 정도 날을 잡아 이번 학기에 배우게 될 수학 교과서를 넘겨가면서 소설책 읽듯이 가볍게 읽어줍니다. 교과서를 읽을 때 중간에 용어가 가로막아 잘 읽히지 않는다면 그 용어는 표시해놓고 계속 읽어나갑니다. 그렇게 한 단원, 한 단원씩 교과서 한 권에 있는 모르는 용어 찾기가 다 끝나면 이제부터는 그 용어의 뜻을 찾아볼 차례입니다. 초등 저학년 때는 부모님께서 방법을 알려주고 또 같이 해주셔야 하는데요, 이 과정을 통해 중고등학생이 되어 아이가 자발적으로 이 활동을 지속할 수 있는 습관이 형성되기 때문입니다. 다시 본론으로 돌아와서, 교과서에서 찾은 모르는 용어의 뜻을 찾아 공부를 할 시간을 가져야 합니다. 아래 추천된 방법을 모두 한 번씩은 경험해보고, 우리 아이가 가장 이해가 잘 되었던 방법을 선택해 매 학기 시작 전, 지속할 수 있게 지도해주세요. 이렇게 용어의 정확한 이해를 통해 개념과 관련된 여러 지식들을 쌓고 그 지식들을 실제 문제 풀이에 접목시키다 보면 어느새 우리가 알고자 했던 '개념'이 무엇인지 저절로 표현할 수 있는 시점이 옵니다.

아이가 스스로 용어 익히기를 할 때 특히 다음을 유의하도록 지도해주세요.

1. 용어와 관련된 교과서의 내용을 다시 한 번 읽어보고 내가 이해한 정도를 노트에 기록해두기(특히 교과서의 〈이야기가 있는 수학〉, 〈창의 연구실〉 등 스토리로 되어 있는 부분을 주의 깊게 읽어봅니다)
2. 네이버 지식백과 '수학백과'에서 각 용어의 뜻을 찾아보고 그 내용 중 이해가 안 되는 부분은 꼬리에 꼬리를 물고 검

색한 후 노트에 기록해두기

3. 개념을 설명하는 책들 참고하여 새롭게 알게 된 내용을 노트에 기록해두기

다음은 초중등 과정의 개념과 용어 학습에 도움이 되는 추천 도서들입니다.

• 《수학 교과서 개념 읽기》(김리나 지음, 창비): 초중고를 거치며 배우는 '수' 개념을 학년을 초월하여 자세하게 설명해 놓은 책. 너무 어렵지 않아서 초등 고학년 정도의 아이들부터 유익하게 읽을 수 있습니다. 현재 수와 연산, 원과 직각삼각형 4권이 출간되었습니다.

• 《개념 연결 초등 수학사전》(전국수학교사모임 초등수학사전팀 지음, 비아에듀): 초등 6년간 배우는 개념들을 134개의 질문으로 엮어 학년별 학습 순서에 맞춰 구성한 책입니다. 여느 수학사전보다 개념의 '연결'에 더 초점을 맞추고 있으며 질문하고 있는 개념에서 한 걸음 더 나아간 배경지식들도 질문마다 수록되어 있어서 현행 학습과 예습을 동시에 할 수 있다는 장점이 있습니다.

• 《수학의 발견》(사교육걱정없는세상 수학사교육포럼 지음, 창비교육): 사교육걱정없는세상 수학사교육포럼에서 출간한

중학교 대안 교과서입니다. 이 교과서를 실제 채택하여 운영하는 시범 중학교도 있는 것으로 알고 있는데요, 일반적인 교과서와는 다르게 학생 참여 중심 컨텐츠로 구성되어 있습니다. 문제의 대부분이 '구해보자, 설명해보자, 이유를 써보자, 만들어보자' 등이며, 인상적인 것은 각 단원의 맨 마지막 문항이 그 단원에서 배운 '수학 용어' 몇 개를 사용하여 개념을 적용시킨 수학 이야기를 만들어보는 코너라는 점입니다. 이 책에 수록된 대부분의 문항들은 실제 교실에서 이뤄지고 있는 수행평가 활동지와도 유사한 면이 있어, 스스로 생각해보는 개념 학습을 위해서 한 번쯤 검토해보는 것도 좋은 경험이 될 것 같습니다. 교과서보다 해설서가 3배 정도 두껍게 만들어져 있고, 해설서에는 실제 시범 학교 학생들의 교과서 활동지도 같이 수록되어 있어 자기주도학습으로 활용할 만합니다.

4. 개념, 용어와 관련 영상을 찾아보고 새롭게 알게 된 점을 기록해두기

- EBS MATH

초등학교 3학년부터 고등학교 3학년까지 교과서 없이 배우는 개념 학습과 문제 풀이 자료들이 가득 담긴 수학 학습의 보물창고입니다. 영상, 웹툰, 게임 등 다양한 매체를 통한 학습도 가능하며, 사이트 상단에 있는 돋보기 옆에서 공부하고자 하는 용어를 직접 입력하면 관련된 학습 자료들이 쏟아집니다. 문제 풀이 자료까지 풍부한 편은 아니지만 학습 흥미와 쉽게 이해할 수 있는 개념, 용어 학습에는 최적화되어 있습니다. EBS에서 운영하며 무료 사이트입니다.

3장 실력이 늘고 성적이 올라가는 '진짜' 수학 공부법

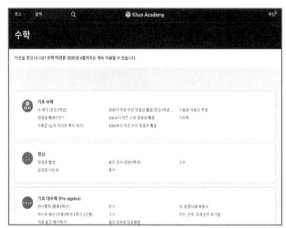

- Khan Academy

전 세계 모든 학생들에게 양질의 교육을 제공하고 있는 온라인 무료 사이트입니다. 한국어 사이트는 수학과 컴퓨팅 학습을 할 수 있는데요, 그동안 미국식 커리큘럼 순서로 되어 있어 국내에서 아이들의 실제 학습 활용에는 한계가 있었습니다만 2020년 2월 한국의 '학년별 수학' 과정으로도 오픈되었습니다. 개념 설명 동영상뿐만 아니라 챌린지 형식으로 양질의 문제도 풀 수 있으니 적극적으로 활용해보시길 추천 드립니다.

나만의 개념 만들기

설명 드린 다양한 방법을 통해 수학 용어를 이해했다면 이제 그 내용들을 정리하여 나만의 개념을 완성할 수 있게 해주어야 합니다. 이를 위해서 단계별로 유용한 방법들을 소개 드리니 아이의 수준에 맞게 활용해보시기 바랍니다.

1. 수학일기 쓰기
권장 학년: 초등학교 저학년 ~ 고학년

'수학일기'란, 아이들이 겪은 다양한 수학 경험과 일반적인 일기의 내용(날짜, 날씨, 있었던 일 등)을 접목하여 직접 겪은 수학 경험에서 무엇을 배웠으며, 나는 어떤 행동을 했고 그 상황에서 어떤 점을 느꼈는지를 기록하는 일기입니다. 친숙한 일기 형식이지만 배운 내용을 스스로 정리하고 자신의 말로 표현하면서 '수학 개념 이해력'이 늘어나게 되며, 아이가 오늘 했던 수학 경험에 대해 반성하는 내용의 일기를 썼다면 오답 노트와 같은 역할을 할 수도 있습니다. 또한 주기적으로 쓰는 습관을 들여주면 (처음에는 어색해해도) 조금씩 자신의 의견을 표현하는 법을 배우고 쓴 내용을 고쳐가면서 글 쓰는 능력도 향상됩니다. 수학도 더 이상 객관식 문제만을 푸는 시대가 아닌 만큼 수학을 소재로 한 '쓰기' 연습을 한다는 것은 아이들에게 개념 공부 이상의 큰 의미가 있습니다.

　이런 수학 일기를 앞서 공부한 개념, 용어 이해의 결과물로 활용하면 좋습니다. 보통 수학 일기의 소재는 학교에서 배운 것, 생활에서 경험한 것들이 되는데요, 우리는 앞서 공부한 '개념을 이해하기 위해 책, 영상 등을 찾아본 경험'을 기록할 겁니다. 특히 EBS MATH에 있는 동영상 학습 카드들은 분량도 짧고 전달하는 메시지가 명확하기 때문에 아이들이 수학 일기의 소재로 삼기에 딱 좋습니다. 우리 아이들은 부모의 기대보다는 부족하고 걱정보다는 잘합니다. 저를 믿고 일단 시작해보시기 바랍니다.

2. 개념 노트 만들기

권장 학년: 초등학교 고학년 ~ 중학생

　수학 용어, 개념 공부를 하고 나면 반드시 개념 노트를 만듭니다. 내용이나 구성 양식은 다양한 형태가 가능한데요, 우선 내용 면에 있어서는 다음 두 가지를 추천 드립니다.

- 수학사전 식: 용어와 개념 중심으로 개념 노트를 정리하는 방식. 예를 들어 '분수'를 정리한다면 분수의 정의, 형식, 의미, 단위분수, 종류, 성질, 사칙연산 등을 교과서, 수학 사전, 영상 자료, 추천도서 등을 통해 조사하고 그 내용을

기록합니다. 문제를 풀면서 추가되는 중요 개념은 포스트 잇을 사용하여 추가해나갑니다(노트는 1권으로 단권화하는 것이 좋습니다).

- 질문 모음 식: 교과서의 '성취 기준'을 기준으로 질문을 만들고, 답을 찾는 방식으로 정리하는 노트. 교과서의 각 단원에는 '성취 기준'이 질문 형태로 제시되어 있는데요, 예를 들어 5학년 2학기 교과서 〈수의 범위와 어림하기〉 단원을 보면 총 3개의 질문이 있습니다. 1) 70과 같거나 큰 수를 어떻게 말하면 좋을까요? 2) 공책의 수를 어떻게 어림할 수 있을까요? 3) 어림한 값을 사용하면 어떤 점이 편리할까요? 이 질문에 대한 답을 단원을 공부하기 전과 공부한 후 두 번에 걸쳐서 정리하되, 이 과정에서 새롭게 배운 내용을 노트에 추가합니다. 아이는 본인이 예전에 알고 있던 개념들과 새로운 개념들을 같은 노트 안에 정리하면서 두 지식 간의 연계성을 깨닫게 됩니다. 예습과 복습 활동으로 매우 효과적인 방법이므로 꼭 실천해보시기 바랍니다.

개념 노트의 구성 양식으로는 '비주얼 씽킹', '마인드맵', '코넬식 노트' 세 가지를 추천하는데요, '수학사전 식'은 비주얼 씽킹이나 마인드맵으로 작성하는 것이 좋고, '질문 모음 식'은 코넬식 노트 작성법이 효과적입니다.

비주얼 씽킹은 말 그대로 '자신의 생각을 그림으로 구현하는 방식'을 말합니다. 특별한 양식 없이 자신의 생각을 자유롭게 표현하는 방식이어서 초보자도 쉽게 해볼 수 있습니다. 이 방식은 그림을 그리는 것에 대한 거부감이 없는 아이들에게 적합하고 초등학교 저학년 아이들도 즐겁게 도전할 수 있습니다. 그래도 구체적인 가이드가 필요하다 싶으신 분들은 관련 서적들도 많이 출간되어 있고 인터넷에서도 예시를 쉽게 찾아볼 수 있으니 이런 예들을 활용하셔도 됩니다. 8절 스케치북이나 A4 사이즈의 연습장과 연필, 색연필만으로 표현하는 자유로운 개념 노트의 양식입니다.

마인드맵은 종이의 한가운데 설명하고자 하는 개념의 주제를 적고 방사형으로 그 개념에 대한 정의, 형식, 의미, 종류, 성질 등의 설명을 그려가는 방식입니다. 새로운 아이디어를 구상하거나 암기과목의 내용 정리를 할 때 '구조'를 직관적으로 이해하게 해주는 장점이 있어 초중고 교실에서도 다양한 과목에 활용되고 있습니다. 수학에서는 개념을 내용 형식에 따라 구분하여 정리하거나 교과서 단원의 목차를 정리할 때 쓰이고, 수학 동화를 읽고 난 후 책의 내용을 리마인드 하는 용도로도 활용할 수 있습니다.

코넬식 노트는 1950년대 미국 코넬대의 교육학 교수가 학생들의 학습 능력을 향상시키기 위해 고안한 노트 필기법으로 다양한 과목의 수업 필기 방식으로 널리 사용되고 있습니다. 코넬식 노트의 기본 구조는 총 4개의 구역으로 나누어져 있는데요, ①번 구역은 제목을 적는 칸으로 수학 개념 노트로 활용할 때는 개념이 포함된 전체 단원명을 적고, 개별 개념 정리 노트로 활용할 때에는 개념 명을 적고 이 개념에 포함된 용어들도 함께 적어둡니다. ②번 구역은 제목 아래 중요한 키워드를 적는 칸이며 ③번 구역은 ②번 구역에 적어둔 키워드를 설명하는 구체적인 내용을 기재합니다. 마지막으로 ④번 구역은 요약 정리, 연결된 개념을 적거나 후속으로 진행할 개념 공부, 문제 풀이 학습의 계획을 적는 칸으로 활용 가능합니다. 각 칸에 적을 내용을 그대로 따라 할 필요는 없습니다. 구성 자체가 정리나 암기에 최적화되어 있기 때문에 개념 정리 노트로서 그 장점을 활용하자는 것이니, 개인에 따라 자유롭게 변형하여 사용하시면 됩니다.

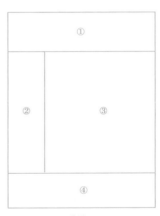

코넬식 노트

개념 공부 완성하는 <개념 노트> 활용법

지금까지 설명한 내용들을 잘 따라오셨다면 우리 아이는 '개념 이해'를 위해 교과서, 수학사전, 수학 도서, 영상 자료, 사이트 등을 조사하고 그 내용을 개념 노트에 잘 정리해두었을 겁니다. 그럼 이제 모든 개념 공부가 끝난 것일까요? 아니요, 당연히 그렇지 않습니다. 이렇게 열심히 만든 개념 노트를 가지고 지금부터 진짜 개념 공부를 시작해야 합니다. 지금부터 개념 공부를 완성시켜 줄 2단계 개념 노트 공부법을 소개합니다.

1. 개념 누적 복습법

아무리 개념 노트를 잘 만들어도 1번만 봐서는 그 내용을 오

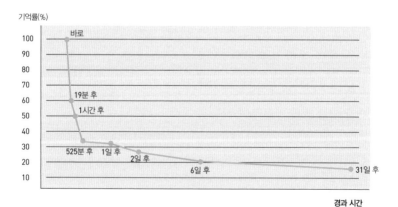

에빙하우스의 망각 곡선

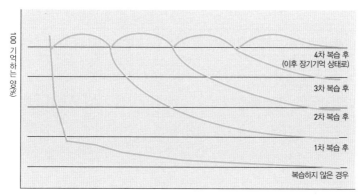

복습을 통한 장기기억화

래 기억할 수 없습니다. 실험심리학의 선구자인 독일의 심리학자 헤르만 에빙하우스Hermann Ebbinghaus가 발표한 '에빙하우스의 망각 곡선'에 따르면, 학습 후 10분 후부터 망각이 시작되며 하루가 지나면 공부한 양의 70% 이상을, 한 달이 지나면 80% 이상을 잊어 버린다고 합니다. 이를 극복하고 학습한 내용을 장기기억으로 가져갈 수 있는 유일한 방법은 주기적 복습을 통해 기억량을 다시 최대치로 끌어올리는 것뿐입니다.

　아이가 하루 동안 소화 가능한 공부 분량을 정하고 그에 맞춰 반복 학습 계획을 세우셔야 하는데요, 반복 주기는 단원 평가, 중간/기말고사와 같은 범위가 정해진 시험을 기준으로 삼는 것이 좋습니다.

부모님의 보다 적극적인 관리가 필요한 초등학생을 예로 들어볼게요. 평균적인 학습량을 기준으로 월요일부터 금요일까지 총 10개의 개념을 하루 2개씩 누적 학습 하는 것으로 반복 주기를 잡았습니다. 준비물은 작성해둔 개념 노트와 기본 문제집 1권(교과서 문제 풀이로도 대체 가능함)입니다.

- 1일차: 2개 개념이 정리된 개념 노트를 꼼꼼하게 읽고, 해당 개념과 관련된 문제를 찾아 풉니다. 틀린 문제는 다시 개념 노트를 통해 학습하고, 문제 풀이를 통해 새롭게 알게 된 내용은 노트의 빈 공간이나 포스트잇을 통해 보충해 둡니다.

- 2일차: 1일차에 틀렸던 문제를 다시 풀어봅니다. 이때 1일차에 학습한 개념도 노트를 읽으며 빠르게 복습합니다. 새로운 2개 개념이 정리된 개념 노트를 꼼꼼하게 읽고, 해당 개념과 관련된 문제를 찾아 풉니다. 틀린 문제는 다시 개념 노트를 통해 학습하고 새롭게 알게 된 내용에 대한 보충도 동일하게 실시합니다.

- 3일차: 1,2일차에 틀렸던 문제를 다시 풀어봅니다(1일차에 틀렸던 문제 중, 어제 다시 풀었을 때 완벽히 이해한 문제는 다시 풀지 않음). 누적된 4개의 개념도 노트를 읽으며 빠르게

복습합니다. 새로운 2개 개념에 대한 학습과 문제 풀이, 틀린 문제 점검, 새롭게 알게 된 내용에 대한 보충을 동일한 방법으로 실시합니다.

- 4일차: 1,2,3일차에 틀렸던 문제를 다시 풀어봅니다(1,2일차에 틀렸던 문제 중, 어제 다시 풀었을 때 완벽히 이해한 문제는 다시 풀지 않음). 1,2,3일차 때 공부한 6개 개념의 복습과 오늘자의 새로운 개념 2개에 대한 학습과 점검, 보완을 실시합니다.

- 5일차: 1,2,3,4일차에 틀렸던 문제를 다시 풀어봅니다(1,2,3일차에 틀렸던 문제 중, 어제 다시 풀었을 때 완벽히 이해한 문제는 다시 풀지 않음). 1,2,3,4일차 때 공부한 8개의 개념 복습, 새로운 2개 개념 학습과 점검, 보완을 실시합니다.

- 6일차: 5일 동안의 학습에서 틀렸던 문제를 다시 풀어봅니다(어제 풀었던 문제를 제외하고 다시 한 번 풀었을 때 정확히 이해한 문제는 다시 풀지 않음). 그동안 공부한 10개의 개념 노트를 다시 한 번 빠르게 읽고, 그 결과를 비주얼 씽킹이나 마인드맵의 형태로 정리합니다.

새로운 개념을 배우게 되는 날, 전날까지 누적해서 공부한 내용을 다시 한 번 빠르게 복습하고 틀린 문제들도 반복적으로 풀어보는 어찌 보면 단순한 과정인데요, 그 효과는 엄청납니다. 효과를 더욱 높여주는 팁을 말씀 드리면 반복해서 문제 풀이를 할 때 조금씩 변화를 주어 문제를 새롭게 풀어보게 하는 것, 그리고 4, 5일차로 회차가 늘어나면 누적되는 내용을 요약하고 연결해서 머릿속에 간략하게 정리하는 연습을 하는 것입니다. 반복 주기와 학습량은 아이의 성향과 여건 등을 고려하여 개인화하시면 되는데요, 너무 긴 주기로 진행하다 보면 10~11일차에는 복습해야 하는 양이 너무 많아질 수 있으니 이 점을 고려하시어 계획을 세우시기 바랍니다.

2. 백지 테스트

이제 개념 공부의 마지막 단계입니다. 개념 누적 복습법의 마지막 과정으로 그동안 누적 학습한 내용들을 비주얼 씽킹이나 마인드맵의 형태로 정리하였는데요, 이 마지막 날로부터 3~5일 정도 경과하고 나서 '셀프 백지 테스트'를 진행하면 진정한 마무리가 완성됩니다. '셀프 백지 테스트'는 말 그대로 머릿속에 정리된 개념들을 자유형식으로 작성해보는 것입니다. 저와 함께했던 학생이 작성한 테스트를 보여드릴게요.

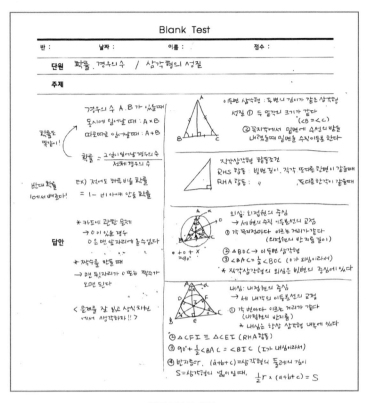

백지 테스트 예시

처음에는 당연히 쓸 수 있는 것들이 별로 없습니다. 위의 예시는 복습 과정을 상당 기간 진행한 아이의 테스트예요. 아이가 기입한 내용이 적거나 체계적이 아니더라도 걱정하지 마시고 테스트가 끝난 다음 다시 개념 노트를 보며 추가로 기입하게 해주시면 됩니다. 이런 '셀프 빨간 펜 피드백'을 통해 다음 백지 테스트는 조금 더 발전합니다. 이 과정을 지속되면 어떻게 될까요? 우리 아이의 머릿속에 수학 개념 전체가 요약적으로 정리되어 있는 날이 오겠지요. 그리고 문제 풀이를 할 때 아이 스스로 이 개념들을 끄집어내어 활용하게 됩니다. 이보다 더 완벽한 수학 공부법은 없습니다. 마지막 단계까지 소신 있게 우리 아이를 이끌어주세요. 결과가 그 노력을 반드시 보상해줍니다.

실력 점검의 도구이자 무기, 문제집 200% 활용법

제대로 된 수학 공부라면 개념 공부와 문제 풀이가 균형을 이루고 있어야 합니다. 개념을 잘 모르고 무조건 문제만 많이 푼다고 해서 실력이 늘지 않는다는 것은 이미 여러 차례 말씀 드렸습니다. 반대로 개념은 완벽하게 알고 있어도 문제 풀이 연습이 따르지 않는다면 실전에서 어려움을 겪게 되죠. 만약 한 문제를 푸는 데 무한대의 시간이 주어진다면 완벽하게 개념을 아는 학생은 그 문제를 반드시 풀 수 있습니다. 하지만 시험은 '정해진 시간 동안 누가 정확하게 문제를 해결하는가'를 보는 것이기 때문에 그런 학생 조차도 시간 부족 문제를 겪게 되는 것이죠. 어릴 때부터 문제 하나를 풀기 위해 시간을 많이 들여 고민하는 아이들이 있습니다. 학습적인 측면에서만 본다면 전혀 나무랄 일이 아니지만 상대

3장 실력이 늘고 성적이 올라가는 '진짜' 수학 공부법

적으로 짧은 시간 동안 빠르고 정확하게 문제를 풀어야 하는 대한민국의 시험 체제에서는 '문제 적응력 부족'이라는 꼬리표를 달게 됩니다. 중학교 때는 학교 대표로 경시대회를 나가던 아이가 고등학교에 가니 첫 내신 시험을 망치게 되었다는 사례도 잘 들여다보면 이런 이유인 경우가 많습니다. 선행 관련해서 살펴본 것처럼 사실은 중학교 때부터 실력은 쌓이지 않고 있었던 것 아니냐고 생각하실 수도 있지만 반대의 경우도 적지 않습니다.

"우리 아이는 이름만 들으면 알 만한 유명 자사고에 다니고 있습니다. 원래 과학고 지망했던 아이라 수학을 좋아하고 잘해요. 지금 다니는 학교도 과고 못지않게 내신 경쟁이 치열한 곳이기는 하지만 그동안 워낙 잘해왔던 터라 별 걱정은 안 했는데, 첫 중간고사에서 충격적인 점수가 나왔네요. 어려운 문제를 몰라서 틀렸다면 더 열심히 하라고 격려해주면 되겠는데, 어렵지도 않은 문제들인 데다가 시험이 끝나고 틀린 문제를 다시 풀어보니 다 맞았다고 하더군요. 그런 아이가 아니었는데 이번 시험에서는 실수를 너무 많이 한 것 같습니다. 본인도 스트레스를 많이 받고 있는데, 실수를 줄일 수 있는 방법 없을까요?"

학부모 강연이 끝나고 난 뒤 한 아버님이 저를 찾아오셔서 고민을 상담하셨습니다. 저는 아버님의 말씀을 듣고 잠시 생각하다 이렇게 여쭤봤습니다.

"혹시 아이가 수학 문제를 푸는 데 시간이 많이 걸리지는 않나요?" "공식을 외우기보다 이해하고 증명하려고 애쓰는 아이 아닌가요?" "평소 문제집을 어떻게, 몇 권 정도 풀고 있을까요?"

그 아이를 오랫동안 지켜본 것이 아니기 때문에 다른 변수가 있을 수도 있지만 저는 의심되는 부분이 있었습니다. 그리고 아버님의 답변도 제 예상대로였습니다. 생각해보니 아이가 그런 습성이 있고, 문제를 많이 푸는 것보다 어려운 문제를 오랫동안 고민해서 풀기를 좋아한다고요.

지금까지의 학습 패턴에서 짐작할 수 있듯이 '경시대회 형' 수학 공부를 한 학생이었습니다. 아마도 이 아이의 객관적인 수학 실력은 매우 뛰어날 것입니다. 하지만 내신 시험과 수능은 이 아이의 수학 실력을 발휘하게 해주는 시험이 아니에요. 물론 노력이 더해진다면 점수가 비례해 올라가겠지만, 만점을 보장받을 수는 없습니다. 앞에서 언급한 것처럼 이들 시험은 '수학 실력'과 '시험 시간 운용 능력'을 동시에 테스트하기 때문입니다. 그런데 문제의 본질을 보지 못하고 단순히 '집중력 부재로 인한 실수'라고 판단하여 '시험 시간에 정신 바짝 차려라!'라고 압박을 주었다면 어떻게 되었을까요? 아마 다음 시험에서도 문제 적응력은 나아지지 않고 오히려 심리적 압박감만 더해져서 성적은 더 곤두박질 쳤을 것입니다. 이 아이는 실수를 안 하는 연습을 해야 하는 것이 아니라 '문제를 빠르게 푸는 문제 적응력'을 높여야 합니다. 그리고 이를 위한 문제 풀이 연습에 가장 유용한 도구가 바로 문제집이지요. 이번 장에서는 부모님들의 최대 관심사 중 하나인 이 문제집에 대한 이야기를 해보려합니다.

이상의 문제집과 내 아이의 문제집

아래는 초중고 수학 문제집들인데요, 이 문제집들에는 한 가지 공통점이 있습니다. 그 공통점이 무엇인지 알고 계신가요?

초등	중등	고등
최상위 수학 문제 해결의 길잡이 1031	에이급 수학 최상위 수학 블랙라벨 하이레벨	일품 블랙라벨 수학의 정석(실력) 자이스토리 일등급 수학

바로, 학부모님들이 '이 정도는 풀어야지'라고 생각하는 이상의 문제집들입니다. 하지만 잘 알고 계시다시피 리스트의 문제집들은 모두 고난이도 문제집이고, 실력이 부족한 아이가 이 문제집들을 그저 '푼다'고 해서 그에 걸맞는 실력을 갖게 되지는 않을 것

입니다. 그런데도 선행 학습 진도를 실력으로 착각하듯이 문제집의 난이도와 아이의 수학 실력을 동일시 하는 분들이 있습니다. 시험이 아닌 평소의 문제 풀이는 어디까지나 지금 나의 실력에 대한 '점검 도구'일 뿐 그 이상의 의미를 두어서는 안 됩니다.

실력은 중간 정도인 초등학생 아이가 《최상위 수학》으로 수학 공부를 한다고 가정해보겠습니다. 소단원의 맨 앞장부터 문제를 풀기 시작하는데 아직 초반인데도 불구하고 아이는 한 페이지를 넘기기가 힘듭니다. 어느 정도 풀고 채점을 해보니 한 페이지 4문제 중 3개를 틀렸습니다. 엄마는 일단 답안지를 보지 말고 조금 더 고민해보자고 합니다. 아이는 아무리 생각해도 모르겠지만 엄마가 고민하라고 하니 하는 척 시간을 때웁니다. 아이가 아무런 시도도 하지 않은 채 시간이 흐르자 결국 답답한 엄마가 답안지를 펴서 설명을 해줍니다. 그런데 아이는 엄마의 설명을 들어도 잘 모르겠습니다.

이 아이는 지금 제대로 수학 공부를 하고 있는 것일까요? 이 상황은 요리 초보에게 장인이 만든 칼과 그릇을 주고 오늘 저녁 식사를 근사하게 차려보라고 하는 것과 다를 바가 없습니다. 아이들은 각자의 수준에 맞는 도구가 필요합니다. 그러려면 우선 부모님들께서 '이 정도는 풀어야지'라는 욕심을 내려놓으셔야 합니다. 그 문제집 못 푼다고 해서 큰일 나는 거 아닙니다. 자기 수준에 맞

3장 실력이 늘고 성적이 올라가는 '진짜' 수학 공부법

지 않는 문제집을 오랜 시간 동안 푼 아이는 엄청난 시간 낭비를 했을 뿐만 아니라 수학에 대한 자신감을 잃었습니다. 우리 아이를 그렇게 만들고 싶지 않으시다면, '내 눈에 차는'이 아니라 '아이 수준에 맞는' 문제집을 골라주셔야 합니다.

우리 아이에게 꼭 맞는 문제집 찾아주기

그렇다면 아이 수준에 맞는 문제집은 어떻게 고를까요? 난이도의 적정 수준은 10문제를 풀어 자기 힘으로 7문제를 맞출 때, 즉, 70%의 정답률을 보일 때입니다. 그리고 가능하면 학습의 목적에 맞는 문제집을 골라야 하는데요, 보통 수학 문제집은 연산서, 개념서, 유형서, 심화서 등으로 구분됩니다. 당연히 순서는 개념서→연산서 + 유형서→심화서 순으로 진행해야 하고요. 그런데 학원 등에서 새로운 과정(ex. 초등 3학년 2학기)을 처음 배울 때, 개념서가 생략되는 경우가 많습니다. 특히 2달만에 한 학기의 진도를 빼버리는 선행 학습을 할 때 매우 빈번하게 일어나는 일인데요, 우선 개념서를 배우는 데는 많은 시간이 소요되고, 교과서의 개념 이해 과정이 생략되어도 유형서로 문제 푸는 연습은 얼마든지 할 수 있기 때문입니다. 하지만 개념서 공부는 반드시 모든 공부에 선행되어야 합니다. 만약 개념서 대신 교과서로 개념공부를 한다면? 정말 좋은 학원입니다. 꼭 끝까지 보내세요. 시중에는 많은 종류의 개념서들이 있지만 저는 우선 '교과서'를 가장 기본적인 개념서로 삼아 공부하기를 추천합니다. 그 외의 문제집은 아이와 함께 서점에 가서 직접 선택하게 하시면 됩니다. 우선은 3단계 정도의 문제집(뒤 페이지 표 참고)을 풀어보게 하여 70%의 정답률을 보이는지 확인하시고 이를 기준 삼아 정답률이 70%보다 높다면 4,5단계의 문제집을, 정답률이 70%보다 낮다면 1,2단계의 문제집으로 방향을 잡으시면 됩니다.

이제 제가 정리한 초중고 단계별 수학 문제집 리스트를 보여드릴 건데요, 그 전에 미리 알아두셔야 할 것이 몇 가지 있습니다. 문제집은 대부분 쉬운 것부터 어려운 문제까지 다양한 난이도의 문제들을 적절한 비율로 조합하여 만듭니다. 따라서 절대적으로 이 문제집이 2단계다, 3단계다 라고 말하기 어려운 부분이 있어요. 그러니 제가 제시한 단계를 절대적 기준으로 삼으실 필요는 없습니다. 큰 틀로 참고하시되 같은 출판사에서 나오는 문제집들의 난이도 순서는 집필 과정에 이미 반영되어 있으므로 그대로 적용하셔도 무방합니다. 또 같은 단계에 있는 문제집에는 비슷한 난이도의 문제가 수록되어 있고, 그만큼 (숫자와 문제 구성이 약간 다르지만) 중복되는 문제를 풀 확률이 높아집니다. 그러니 욕심 내어

3장 실력이 늘고 성적이 올라가는 '진짜' 수학 공부법

같은 단계의 문제집을 여러 권 풀리지 마시고 지금 풀고 있는 문제집을 완벽하게 소화한 후, 더 높은 단계의 문제집으로 넘어가시길 추천 드립니다. 아이에게도 레벨 업이라는 관점에서 동기부여가 됩니다. 또한 새로운 문제집을 선정할 때에는 가급적 다른 출판사의 문제집을 고르시는 것을 추천합니다. 동일 출판사의 문제집들은 같은 데이터뱅크를 쓰는 만큼 중복되는 문제의 비율이 더 높기 때문입니다.

초등학교 단계별 수학 문제집

출판사	1단계	2단계	3단계	4단계	경시대비
EBS	만점왕		수학의 자신감		
개념원리		개념원리 초등수학			
동아출판사	백점(단원평가) 수학	큐브수학S 개념 스타트	큐브수학S 실력 스탠다드	큐브수학S 심화 스트롱	
디딤돌	디딤돌 초등수학 원리 디딤돌 초등수학 기본	디딤돌 초등수학 응용 디딤돌 초등수학 기본+응용 디딤돌 초등수학 문제 유형 디딤돌 초등수학 기본+유형	최상위 수학S	최상위 수학 최상위 사고력	3% 올림피아드
에듀왕	원리왕수학	포인트 왕수학 기본	포인트 왕수학 실력	점프왕수학	응용왕수학, 올림피아드 왕수학
비상	교과서개념잡기	초등 완자, 개념+유형 라이트	교과서 유형잡기 개념+유형 파워	개념+유형 최상위탑	
신사고		개념쎈 라이트쎈 우공비	쎈	최상위쎈	
천재교육	개념클릭 해법수학 개념 꿀꺽 수학	개념 해결의 법칙	유형 해결의 법칙 우등생	응용 해결의 법칙 최고수준 수학	최강 TOT

중학교 단계별 수학 문제집

출판사	1단계	2단계	3단계	4단계	5단계
개념원리		개념원리 중학수학	개념원리 RPM 중학수학		
디딤돌	투탑 중학수학		최상위 수학 라이트	최상위 수학	
비상교육	완자 수학	개념+유형 중학수학 라이트	개념+유형 중학수학 파워 만렙	최고득점 수학 개념+유형 중학수학 탑	수학의 신
수경출판사		심플 자이스토리 중등 수학	자이스토리 중등 수학	일등급 중등 수학	
신사고		라이트쎈 중등 개념쎈 중등 우공비 중등	쎈 중등 우공비Q 중등	일품 중등	
에이급			원리 해설 수학 유형 콕	에이급 수학	특목고 슈멩
이투스교육		수학의 바이블 BOB(중등)	수학의 바이블 중등	하이퍼 최고난도 중학수학	
진학사				블랙라벨 중학수학	
천재교육	체크체크 개념 수학	셀파 해법수학 개념 해결의 법칙	유형체크 N제 유형 해결의 법칙	최고수준 해법수학	최강 TOT
하이레벨				하이레벨 중학 수학	

3장   실력이 늘고 성적이 올라가는 '진짜' 수학 공부법

고등학교 단계별 수학 문제집

출판사	1단계	2단계	3단계	4단계	5단계	수능
개념원리		개념원리	개념원리 RPM	RPM HIGH Q 고등 수학		
비상교육	내공의 힘	개념+유형 라이트 만렙 AM	개념+유형 파워 만렙 PM			
성지출판사			기본 정석		실력 정석	
수경출판사		바른개념	심플 자이스토리	자이스토리	일등급 수학	자이 프리미엄
신사고	베이직쎈 개념쎈 라이트 알수학	라이트쎈 개념쎈 우공비	쎈	일품		쎈 기출
이투스교육		수학의 바이블 BOB 개념픽	수학의 바이블 고쟁이			어삼쉬사 너희들의 기출문제
진학사			The 개념 블랙라벨		블랙라벨	
천재교육		셀파 해법수학 개념 해결의 법칙	유형 해결의 법칙		최강 TOT	

난이도 별 분류에는 넣지 않았지만 매우 중요한 문제집들이 있습니다. 바로 연산 문제집인데요, 시중에는 정말 다양한 연산

문제집들이 나와 있어 정리해서 보여드릴 필요가 있을 것 같습니다. 어떤 연산 학습을 할지 방향을 정하셨다면 아래 분류를 참고하여 학부모님께서 직접 비교해보시고 최종적으로 아이가 선택하도록 하세요.

초등 연산 & 도형 문제집

구성	교재 이름	특징
학년별 구분	하루 한 장 쏙셈, 기적의 계산법, 가로 연산, 쎈 연산, 메가 계산력, 수력 충전, 연산의 발견	문제 배치 방식, 복습 사이클, 학습 계획표 등이 조금씩 다르지만 기본적으로 초등학교 1학년 1학기부터 6학년 2학기까지 학기별로 구분하여 구성된 연산 문제집입니다.
레벨 구분형	기탄 수학, 빨강 수학, 소마셈	이 분류의 책들은 각 학년 안에서도 여러 단계로 나누어 구성되어 있다는 공통점이 있습니다. 〈기탄 수학〉은 익히 아시는 〈구몬 수학〉과 유사한 구성이며, 〈빨강 수학〉과 〈소마셈〉은 사고력 수업을 진행하는 사교육기관에서 출간한 문제집들로 개념 이해를 돕는 구성 방식이 인상적입니다.
영역 구분형	초등 분수 개념이 먼저다, 바쁜 빠른 연산	가장 많은 아이들이 어려워하는 연산 영역들을 주제 삼아 만들어진 연산 문제집입니다. 〈바쁜 빠른 연산〉은 사칙연산과 수(분수, 소수) 등을 주제 삼아 학년별 시리즈로 출간되어 있습니다.
문장제 중심	기적의 문장제	문장제 문제도 매일 2장씩 푸는 매일 학습지로 출간되었습니다. 이 문제집들은 문장제 문제의 요령을 익히는 데 도움이 되지만, 이 또한 유형적으로 익히게 되면 기계적인 풀이만 반복하게 되니 주의해야 합니다.
상위권 연산	상위권 960, 최상위 연산	난이도가 상대적으로 높은 연산 문제집입니다.
도형 연습서	팩토, 플라토, 도형 바로 알기	초등 과정에 나오는 도형 문제들을 매일 학습지 형태로 정리한 문제집입니다.

3장 실력이 늘고 성적이 올라가는 '진짜' 수학 공부법

초등 중심으로만 발간되었던 연산 문제집들이 최근에는 중등, 고등용으로도 많이 출간되는 추세입니다. 이는 초등학교 때 제대로 된 연산 학습이 이루어지지 않아 중고등 과정에서 연산이 문제 풀이의 장애가 되기 때문인데요, 이렇게 초등학교 졸업 이후 '필요에 의해 풀게 되는 연산 문제집'임에도 개념과 원리에 대한 이해 없이 기계적인 풀이가 이루어지는 일이 왕왕 발생합니다. 이 책을 보고 계신 학부모님은 이미 연산의 중요성에 대해서 인지하셨으니, 연산 실력의 기초는 반드시 초등학교 때 다져주시기 바랍니다.

학교 시험에서 서논술형이 강조되고 수행평가에서 서술형 풀이가 접목되는 등 평가 방식이 변화함에 따라 문제집들도 조금씩 변화하고 있습니다. 서술형 문제들만 수록한 중등 수학 문제집인 《특쫑 수학 서술형》과 초등 수학 문제집인《초등 풍산자 개념X 서술형》은 대표적으로 시대를 앞서나간 예들입니다. 아직까지는 문제의 수준이나 서술형을 공부하는 방식이 단조로워 아쉬움이 있습니다만, 서논술형 확대가 더욱 정착되는 가까운 미래에는 지금보다 다양한 문제집들이 출간되어 선택지가 더욱 많아질 것이라 기대합니다.

'진짜 수학 공부'를 위한 문제집 사용법

우리 아이에게 맞는 문제집을 골랐다면 지금부터는 계획을 세워 열심히 수학 문제를 풀 차례입니다. 문제집의 종류(개념서, 연산서, 유형서, 심화서) 및 목적(내신 대비, 수능 대비, 예습용, 복습용)에 따라서 실천 가능한 수준으로 세우되 최소 3번 반복하도록 작성하세요. 여러 권 푸는 것은 추천하지 않습니다. 수준에 맞는 문제집 한 권만 완벽하게 소화한다를 목표로 차근차근 해나가다 보면 어떤 시험을 앞두더라도 저절로 자신감이 생길 겁니다.

문제집 한 권을 반복해서 풀 때, 주의할 점들이 있습니다. 우선 반복할 문제집은 절대 문제집 자체에다 문제를 풀거나 답을 표기하지 않습니다. 연습장을 이용해서 깨끗이 풀어야 다음 번에 풀 때 지우개로 지우는 수고를 할 필요가 없고, 기억의 힌트 등이 없이 문제 자체에만 집중하여 풀 수 있습니다. 또한 문제집을 반복적으로 풀 때는 1번부터 마지막 문제까지 모든 문제를 풀 필요는 없습니다. 너무나 당연히 풀 수 있는 문제들은 풀지 않고, 여러 번 풀어야 할 정도로 어렵거나 중요하거나 이해가 가지 않는 문제들만 반복하여 풉니다. 그러기 위해서는 이를 표시할 '부호'를 사용해야 하는데요, 구체적으로 어떻게 활용하면 좋은지 단계적으로 설명해보겠습니다.

먼저, 문제를 이해한 정도에 따라 미리 약속한 부호를 표기합니다.

ex) 완벽하게 이해한 문제는 O, 헷갈린 문제는 △, 아예 모르겠는 문제는 X 표기

채점을 한 후, 풀어야 하는 문제들을 분류하고 아래 순서로 풀어나갑니다.

- 가장 먼저 풀어야 하는 문제: O표시를 했지만 틀린 문제
- 그 다음 풀어야 하는 문제: △ 표기를 하고 틀린 문제
- 세 번째로 풀어야 하는 문제: X 표기를 하고 틀린 문제
- 마지막으로 풀어야 하는 문제: △, X 표기를 하고 맞은 문제(틀린 문제로 간주)

문제를 다시 풀 때 언제 다시 풀었느냐에 따라 O, △, X 표시를 최대 2개까지 추가합니다. 개념 공부를 다시하고 푸는 경우 +1, 해설지를 보고 푸는 경우 +1. 그러면 처음 문제를 풀 때 표기했던 것까지 총 3개의 표기를 할 수 있겠지요. 그런 다음 부호 안에 색칠을 하는 것으로 학습 완료 단계를 표시합니다.

- 표시가 1개인 상태에서 풀었다면 색을 칠하고 학습을 끝냅니다. 그 문제는 다시 풀지 않아도 됩니다. ex) ●
- 표시가 2개인 상태에서 풀었다면 두 번째만 채우고 나머지 하나는 그대로 둡니다. 이후 문제를 한 번 더 풀어서 모든 구멍을 메워야 합니다. ex) △●
- 표시가 3개인 상태에서 풀었다면 세 번째만 채우고 두 개는 구멍이 뚫린채로 둡니다. 이후 문제를 두 번 더 풀어서 모든 구멍을 메워야 합니다. ex) △△●

실제로 해보면 전혀 어렵지 않은데요, 그래도 설명이 복잡하게 느껴지시는 분들은 옆의 QR 코드를 통해 영상으로 시청해보시기 바랍니다.

문제 풀이의 완성
〈오답 노트〉, 〈틀린 문제 분석 노트〉

문제집 한 권의 반복 풀이과정이 모두 끝나도 아직 해결되지 않는 문제들이 있습니다. 그 문제들까지 정복하려면 다음 두 가지 노트가 필요한데요, 바로 '오답 노트'와 '틀린 문제 분석 노트'입니다. 익히 알고 계신 오답 노트는 과목을 불문하고 꼭 필요하다고 잘 알고 계시지만 사실 만들기도 어렵고, 설사 만든다 해도 그 과정에 진을 다 빼고는 이후 제대로 활용되지 않는 경우가 많습니다. 하지만 오답을 통해 자신의 잘못된 학습 습관이나 오개념을 바로 잡고 고쳐나가는 과정은 반드시 필요하죠. 그래서 최소한의 노력으로 최대 효과를 거두는 방법들을 고민해보았습니다.

오답 노트

오답 노트의 '가장 나쁜 예'는 '해설지를 따라 적는 노트'로 전락할 때입니다. 오답 노트의 원래 취지가 '틀린 문제들을 모아놓는다'라고 한다면 노트에 옮겨적는 과정은 필수입니다. 그리고 그 과정에서 완벽한 풀이와 답을 적어놓는 것이 나중의 학습을 위해 중요하다고 생각되지요. 그런데, 그렇게 작성한 오답 노트 다시 들춰보게 되시던가요? 풀이과정과 답을 옮겨 적는 과정에서 정말 공부가 되었나요? 전혀 아닙니다. 시간과 에너지만 낭비했죠. 그래서 저는 오답 노트를 만드는 과정을 변형해보았습니다. 오답 노트의 취지가 틀린 문제를 모아놓는 것이라면 '오답을 꼭 노트에 적을 필요는 없지 않나'라는 생각에서 시작되었는데요, 대신 문제를 오려 붙일 수 있어야 합니다(뒷 페이지의 문제를 다시 볼 필요가 없다면 그냥 문제집을 잘라도 되고, 그게 싫다면 복사를 하셔도 좋습니다. 최근에는 블루투스로 작동하는 모바일 프린터기가 있어 휴대폰으로 사진을 찍고 인쇄하시는 방법도 있습니다). 이렇게 틀린 문제들을 모두 잘라서 준비해둡니다. 주의할 것은 문제만 잘라내기 때문에 나중의 채점을 위해서 문제 뒷면에는 어느 문제집의 몇 번 문제인지 정확하게 써두어야 합니다. 그리고 서류 봉투나 다 쓴 휴지 케이스를 준비해 오려낸 문제들을 모두 그 안에 넣습니다. 이렇게 오답 '봉투'가 준비되면 이제 본격적인 오답 체크가 시작됩니다. 자투리 시간이나 정해진 복습 시간에 이 봉투에서 문제를 무작위로 꺼내 풉니다. 이때 풀이 노트를 사용하면 더 좋겠죠. 단, 주의할 점은 봉투 안에 넣는 문제들의 범위가 중간, 기말고사와 같이 분명해야 합니다. 그런 기준이 없으면 중간고사를 위해 오답 풀이를 하고 싶은데, 지난 기말고사 문제가 섞여 있게 됩니다. 그러니 목적이나 기간, 범위마다 따로 봉투를 만드세요. 아주 쉽죠? 게다가 이 오답 봉투는 만들기 쉽다는 것 외에도 긍정적인 학습의 효과도 있습니다. 무작위로 문제를 뽑아서 푼다는 제한 조건이 유형 암기식 공부를 해온 아이들이 가진 한계를 극복하고 시험 대비를 할 수 있게 해줍니다. 학교 시험은 유형을 암기하고 기계적으로 풀 수 있는 문제도 있지만 낯선 문제를 만났을 때 어떤 개념을 어떻게 적용하여 풀어야 할지 고민할 수 있어야 합니다. 오답 봉투가 평소에 바로 그런 고민을 할 기회를 만들어줍니다.

틀린 문제 분석 노트

이 노트는 간단히 말해 오답 노트계의 '명예의 전당'이라고 생각하시면 됩니다. 오답 노트가 3번 풀어도 해결이 안 되는 문제들이 모인 곳이라면 이곳은 5번을 풀어도 안 되는 문제, 또는 너무나 중요한 문제 등 반복할 충분한 가치가 있는 문제들이 모이는 곳입니다. 이 노트는 앞서 활용한 '봉투'보다는 전통적인 오답 노트와 같이 문제를 적고 풀이과정도 적는 평범한 구성이어야 합니다. 하지만 역시 단순히 옮겨 적는 데 그치지 않고 여러 가지를 같이 기록해야 하기에 처음부터 한 문제에 넓은 공간을 할당하는 것이 좋습니다.

작성법은 이렇습니다. 우선은 문제를 분석합니다. 어떤 개념들을 적용하여 이 문제를 풀 수 있었는지 힌트도 적어두고, 실제 적용된 개념들을 가져와 개념 설명과 용어의 뜻 등을 적어두기도 합니다. 그리고 이 노트 페이지가 만들어진 후 보게 된 시험에서 관련 문제가 출제되면 기존 문제 옆에 추가합니다. 정리하자면 '명예 문제'를 중심으로 개념과 풀이과정, 힌트, 파생된 문제, 그리고 내가 만들어보는 문제까지 한데 모아둠으로써 앞으로 관련 문제가 시험에 출제된다면 절대로 틀리지 않을 만반의 준비를 하는 것이죠. 제대로만 만들면 정말 대단한 노트가 되겠죠? 제가 장담하건대 이 노트를 만들어가면서 아이는 분명 엄청나게 성장합니다. 이 노트는 초등학생이 만들기는 조금 어렵고 중등부터 고3까지 추천하며, 특히 고3이 되면 최대 6년 동안 만들어온 (중요한 문제들을 우선순위에 의해 걸러 최종 남은 문제들만이 담긴 노트) 분석 노트를 가지고 시험장에 들어갑니다. 우리 아이 수학 공부의 역사가 담긴 비장의 노트가 마지막 시험에 강력한 무기로 사용될 수 있도록 꼭 만들어보시길 추천 드립니다.

4장

÷

우리 아이에게 꼭 맞춘

성향별
추천 수학 공부법

예전에는 '아이의 성공을 위한 3원칙'을 '엄마의 정보력, 아빠의 무관심, 조부모의 경제력'이라고 했다면 요즘은 '엄마의 전략, 아빠의 관심, 조부모의 인성'을 꼽는다고 합니다. 아빠와 조부모의 역할이 바뀐 것도 시사하는 바가 크지만 저는 엄마에게 필요한 역량이 더 이상 '정보력'이 아니라 '전략'이라고 하는 말에 크게 공감합니다. 바야흐로 지금은 교육 정보 홍수의 시대입니다. 인터넷, 책, 방송, 강연, 주변 엄마들과의 모임 등에서 이미 정보는 넘쳐납니다. 교육 정보가 귀하던 시절에는 소위 말하는 '돼지 엄마'들이 선망의 대상이었습니다. 이 돼지 엄마를 중심으로 자식을 위해 못할 것이 없는 엄마들 사이에 권력 구조가 생기기도 했죠. 물론 아직도 정보에 목마른 엄마들은 성공한 선배 엄마의 말에 귀를 쫑긋 세우기도 하지만 전반적으로 예전과는 많이 달라졌습니다. 학생부종합전형이 수시의 대세가 되고 아이들의 내신 평가 방식 또한 서논술형과 수행평가 중심으로 바뀌면서 남의 아이를 성공시킨 비법이 이제 더 이상 우리 아이의 성공을 '보장'해주지 않기 때문이죠. 그렇다 보니 이 많은 정보들 사이에서 우리 아이에게 맞는 '진짜 유익한 정보'를 찾아내고 진로, 학습, 입시의 전략을 짜는 것이 엄마의 역할인 시대가 된 것입니다. 전략을 잘 짜기 위해서는 우선, 가장 기본적인 정보들을 정확하게 알아야 합니다. 그리고 쏟아지는 새로운 정보들의 진위 여부와 가치, 우리 아이와의 합을 판단하는 눈을 키워야 하죠. 그래서 요즘은 아이의 공부를 가르치려는 엄마보다 아이의 '학습을 이끌어나갈 방법을 공부'하는 엄마들이 많이 늘어났습니다.

저는 전국 지자체에서 진행하는 '학부모 강좌'를 통해서도 부모님들을 만나고 있는데요, '경험 삼아 한 번 가봐야지' 생각할 수 있는 일회성 강좌가 아니라 세 달에 걸쳐 10차시까지 하는 강좌들이 조기 마감되는 모습들을 많이 봅니다. 아이를 위한 교육 정보를 직접 배우고 실천하고자 하는 분들이 그만큼 많다는 증거겠죠. 1회 강연이 보통 120분~150분 정도 진행되는데, 놀랍게도 강의가 끝날 때까지 집중력이 흐려지는 분이 거의 없습니다. 그럴 때마다 저는 좀 뭉클해요. '이런 엄마들의 마음을 아이들이 반만이라도 알까' 싶어서요. 어찌되었든 지금 학부모 강연장에는 자신의 학창시절보다 더 열심히 노력하는 부모님들이 많이 계십니다.

그래서 저는 강연마다 강연 주제에 맞고 실천해보기 쉬운 학습 지도 팁들을 적어도 2~3개씩은 꼭 알려드리는데요. 그러면 그다음 주제의 제 강연에 또 오셔서 아이들과 직접 실천해본 이야기를 전해주시는 분들이 많이 있습니다. "선생님이 알려주신 방법대로 하니 정말 우리 아이가 달라졌어요!" 하시는 분들도 있고, "지난번 강연에서 알려주신 방법대로 해봤는데, 저희 아이는 잘 맞지 않는 것 같더라고요, 이런저런 성향이 있는데 어떻게 해야 효과가 있을까요?"라고 추가 질문을 하시는 분들도 있습니다. 자녀분 이야기를 시간이 허락하는 한 경청하고, 제가 생각하는 해결책을 말씀 드리곤 하지만 그럴 때마다 항상 아쉬움이 남습니다. 전국 강연은 한 회당 참석하시는 학부모님이 100분 이상이 되는 중대형 강연이고, 그렇다 보니 참석하시는 분들의 자녀도 100명 이상이죠. 100명의 아이들 모두가 각자에게 맞는 공부 방법과 솔루션이 필요합니다. 하지만 시간의 한계 때문에 제가 가장 이상적으로 생각하는 방법과 그 방법대로 아이들을 지도했을 때의 효과 및 반응들을 중심으로 설명드릴 수밖에 없어요. 그래서 그 아쉬웠던 부분들을 이번 장에서 좀 더 설명해보려합니다.

학습성취도와 자기주도성에 따른
네 가지 유형

거듭 말씀 드린 것처럼 효과적인 학습을 위해서는 개인화 과정이 필수입니다. 그리고 개인화 과정의 선결 과제는 '우리 아이 정확하게 알기'이죠. 여러분은 아이에 대해 몇 % 정도 안다고 생각하시나요? 50%? 70%? 혹은 100%? 생각보다 많이 모르실 수 있습니다. 그래서 MBTI이나 애니어그램 같은 공인된 테스트들을 통해 아이의 성향을 가늠해보곤 하죠. 다음 QR코드를 통해 무료 검사를 진행해볼 수 있으니 아이와 함께 해보시는 것도 좋습니다. 단, 분석 내용은 전적으로 받아들이지 마시고 참고한다는 느낌으로 보아주시기 바랍니다.

애니어그램 무료검사

MBTI 무료검사

　　매우 광범위하게 쓰이는 테스트들이고 성격이나 행동을 이해하기 쉽게 해주지만, 저는 이 부분도 실제로 아이들을 면밀하게 관찰하고 또 직접 부딪쳐봐야 정확하게 알 수 있다고 생각합니다. 그리고 아이들은 성장하면서 성격이 바뀌기도 합니다. 친구나 외부의 영향에 끊임없이 반응하고 성장하는 시기이기 때문이죠. 그러니 테스트 결과나 특정 시기에 보인 행동들을 근거로 너무 쉽게 단정 짓지 마시고 이 책에 있는 성향별 학습 방법 전체에 대해서 어느 정도는 숙지하시기를 추천합니다. 그러고 나서 일단 부모님 본인이 아이에게 가장 잘 맞는다고 생각하는 방법을 아이에게 적용해보세요. 긍정적이건 부정적이건 반응을 보일 겁니다. 그 반응들을 토대로 그 방법이 정말 우리 아이에게 맞는 방법이라면 그대로 진행하시면 되고, 아니라면 다른 방법을 시도해보시면 됩니다.

　　단기간 관찰한 전문가보다 오랫동안 다양한 상황에서 아이를 지켜봐온 부모가 더 정확하게 아이를 판단할 수 있습니다. 다만 주의하실 것은 우리 아이가 '나와는 다를 수 있음'을 잊지 않는 것입니다. 아이를 객관적으로 보는 것! 내 아이를 위한 전략 수립의 가장 중요한 시작입니다. 그래야 앞으로의 장기 레이스를 함께 이겨낼 수 있습니다. 우리는 아이의 잘못을 지적하는 심판이 아니라 다독여 목표를 향해 함께 뛰어야 하는 코치입니다. 이 점 명심하시고, 지금부터 제가 말씀 드리는 학습이란 관점에서 바라본 아이들의 성향에 대해 주목해주시기 바랍니다.

우리 아이들을 '학업 성취도'와 '자기주도성'을 기준으로 네 개의 그룹으로 나눠보겠습니다.

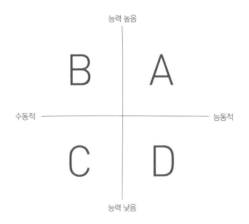

먼저 A그룹은 실력도 있고 스스로 공부하는, 다시 말해 공부가 좋은 아이들입니다. 이 그룹의 자녀를 두신 부모님이라면 이미 주변의 부러움을 한 몸에 받고 계실 겁니다. 저도 이 그룹의 아이들에게는 따로 조언을 할 부분이 없습니다.

B그룹은 실력은 있지만 자기주도성이 부족한 경우로 다시 다음 두 가지 유형으로 나누어집니다. 첫 번째는 수동적이긴 하나 가지고 있는 실력과 나름의 성실함으로 좋은 성적을 유지하고 있는 경우입니다. 상위권 학원에서 많이 볼 수 있는 케이스로, 보통 초등 저학년에 학원 시스템 안에 들어가서(보통 '커리'라고 하죠) 정해진 코스에 따라 학원 수업을 듣고 과제를 하고 외부 활동을 하는 '만들어진' 아이들입니다. 이 유형의 특징은 상대적으로 수용적인 아이들이 많다는 것입니다. 공부에 큰 재미를 느끼고 있지 않더라도 겉으로는 주어진 상황에 만족하고 힘들어도 참고 이겨내려고 하죠. 이 과정에서 공부의 즐거움을 발견하는 아이는 A그룹으로 가게 되지만 학원의 과도한 공부량을 견디지 못해 중도 탈락하는 아이들도 많습니다. 부모님의 멘탈 관리가 매우 중요한 유형입니다. 그렇다고 너무 앞에서 아이들의 학습을 좌지우지하려 하지 마시고, '문 뒤의 부모'로서 아이들의 노력을 최대한 칭찬해주고, 슬럼프가 올 때 아이들의 마음을 잘 보듬고 가셔야 합니다. '그거 하나 못 푸냐', '고지가 코앞이다' 등 성적 지향적인 발언은 금물입니다. 대입 결과가 나올 때까지, 이 아이들은 유리 멘탈로 겨우 버티고 있다는 것 잊지 마시고 조심스럽게 다루어주시기 바랍니다. 두 번째 유형은 능력은 있지만 전혀 공부를 하지 않는 아

이들입니다. 이 유형은 공부뿐만 아니라 매사에 의욕이 없고 공부 목표, 또는 삶의 목표가 부재한 경우가 많은데요, 초등학교 때까지 칭찬만 받던 아이가 사춘기를 지나면서 급변하는 것도 여기에 속합니다. 지켜보는 부모님들은 고등학교 때까지 '정신차리면 잘 할 수 있다'는 희망고문 아래 놓이게 되지요. 이 아이들에게는 칭찬의 말도 꾸짖음도 통하지 않습니다. 오히려 아이가 사춘기라면 관계가 엇나갈 가능성도 있죠. 자녀가 이런 유형에 속한다면 부모의 마음이 실린 그런 말보다 하고 싶은 일을 찾기 위한 '진로'와 관련된 노출을 많이 시켜주는 것을 추천합니다. 3장에서 언급한 '관심 분야와 공부의 연관성'에 대해서 자녀와 많은 대화를 나눠보세요. 단, 어떻게 해서든 공부와 연결시키려는 모습이 보인다면 오히려 역효과가 날 수도 있습니다.

C그룹의 아이들은 학습 능력도 상대적으로 부족하고 수동적인 아이들입니다. 쉽게 말해 스스로 수학 공부를 하는 방법도 모르겠고 성적도 좋지 않은 아이들이죠. 흔히 '수포자'라고 일컫는 아이들이 여기에 속합니다. 매년 고등학교 2학년과 중학교 3학년 중 표집된 학생들을 대상으로 실시하는 '국가수준 학업성취도 평가' 결과를 보면 수학 기초학력 미달 학생의 비율이 다른 과목(국어, 영어)에 비해 2배 이상 높은 수치를 기록합니다(2019년 중등 11.8%, 고등 9.0%). 매년 그 기록을 갱신하고 있어 수포자 탈출

을 위한 고민이 사회 전반에서 광범위하게 일어나고 있는 상황인데요, 최근 많은 지자체들이 수학문화관을 건립하고 관련 체험 활동이 권장하고 있는 것도 같은 고민의 결과입니다. 하지만 현실은 '수학이 재미없어서' 포기하는 아이들보다 '수학을 잘하지 못해서' 포기하는 아이들이 더 많습니다. 다시 말해, 수학과 관련된 일회성의 '즐거운 경험을 하게 하는 것'보다 지속적으로 '수학을 잘하게 만드는 것'에 집중해야 한다는 것이죠. 그리고 그 출발은 마찬가지로 '자신의 수준에 맞는 학습'입니다.

학원이나 학교의 시험 외에 아이의 실력을 점검하고 기초 실력을 보강할 수 있는 유용한 사이트를 하나 소개해드리겠습니다. 한국교육과정평가원에서 운영하는 기초학력향상지원사이트 '꾸꾸'(http://www.basics.re.kr/)는 학교에서 기초학력이 부족한 학생들

을 잘 지도할 수 있게 도움을 주는 교사 대상의 사이트입니다. 하지만 가정에서도 유용하게 활용할 수 있는 것들이 많이 있는데요, 우리 아이의 실력이 어느 정도인지 진단해볼 수 있는 '진단평가' 시험지들을 다운로드 받을 수 있고, '학습유형검사' 및 '수학 학습 동기 검사'(〈검사도구〉 → 〈학생으로 둘러보기〉)도 해볼 수 있습니다.

또 교과 학습과 교과 주제별 자료들도 차시별로 구성되어 있는 것들이 많아 가정에서 매일 학습용으로도 활용해볼 수 있습니다. 이런 자료들을 통해서 우리 아이를 보다 객관적으로 판단하고 어느 정도 기초 실력을 갖출 수 있게 해주세요. 흥미 유발을 위한 퀴즈, 게임, 독서, 체험 등의 활동은 그 이후에 더 효과를 발휘합니다. 흥미 유발 활동을 할 때에도 아이의 기본 성향에 맞는 활동을 권해야 더 효과적입니다. 아이들이 타고난 에너지의 방향성은 부모님이라면 특별한 검사를 하지 않아도 쉽게 파악할 수 있는 부분입니다. 잘 아시는 바와 같이 외향적인 아이는 몸으로 움직이는 활동과 다수의 사람들과의 교류를 통해서 성장합니다. 퀴즈, 게임 같은 활동을 할 때에도 가족과 함께 하는 식사시간, 학교나 학원, 스터디 모임 등과 같이 많은 아이들과 함께 하는 형태를 적극 추천해주세요. 반대로 내향적인 아이는 조용히 몰두할 수 있는 환경을 조성해주시고, 개인적인 미션, 1:1 체크를 통해 관심을 보여주셔야 합니다.

이제 마지막 D그룹의 아이들에 대해서 이야기해보죠. D그룹의 아이들은 한마디로 수학 공부를 열심히 하려고 하지만 방향성이 잘못되었거나 기초 실력이 부족해 쉽게 성적이 나오지 않는 아이들입니다. 사실 가장 많은 아이들이 여기 해당되는데요, 그런만큼 개선될 부분도 제일 많은 그룹입니다. 학부모님들의 손길이 가장 많이 필요한 그룹이기도 하고요. 그럼 이 D그룹을 중심으로 각각의 성향에 따른 수학 공부법(실력 및 성적 향상법)에 대해서 구체적으로 살펴보도록 하겠습니다.

내 아이에게 꼭 맞는
유형별 수학 공부법

디테일이 중요한 계획형 VS
데드라인이 효과적인 개방형

사람은 원래 타고나는 기질이 있습니다. '삶을 바라보는 태도'라고 거창하게 표현할 수도 있는데요, 매사에 신중하게 계획을 세워 행동하는 유형이 있고, 큰 틀에서의 방향성만을 가지고 융통성 있게 삶을 전환시키는 유형이 있지요. 사실 이러한 삶의 태도는 어른이 되어 자신의 인생을 결정하는 기준으로 표출되지만 학창 시절 공부를 하는 데 있어서도 매우 큰 요인으로 작용합니다. 이 두 유형의 아이들을 '계획형'과 '개방형'이라고 칭하고 아이들의 학습 과정을 함께 따라가 보겠습니다.

먼저 시험을 앞둔 아이들의 머릿속을 살펴볼까요? 선생님이 시험 일정을 알려주면 계획형 아이의 머릿속에는 이런 생각이 펼쳐집니다.

'중간고사가 2주 남았으니까 내가 제일 못하는 수학은 D−14부터 3일간 집중해서 공부하고 다시 D−2부터 시험 전날까지 복습을 해야겠다. 교과서 연습문제와 학교 수업 프린트물의 문제를 다시 풀어보고, 수업 시간에 선생님이 따로 얘기해준 것은 없는지 수연이 책을 빌려봐야지. 그리고 문제집은…'

그럼 개방형 아이들은 어떨까요?

'중간고사가 2주 앞이다. 일단 수학 공부를 해야겠다.'

이 두 유형의 가장 큰 차이점은 '계획의 구체성'에 있습니다. 계획형은 세부적인 설정이 되어 있고 시간 운용, 공부 방법, 목표가 뚜렷하지만 개방형은 상대적으로 거시적이며 계획이 구체적이지 않습니다. 이것만 보면 계획형이 절대적으로 학습 효과가 좋을 것처럼 보이지만 꼭 그런 것은 아닙니다. 계획형 아이들은 예상했던 대로 되지 않을 때 유연하게 대처하는 능력이 부족한 편입니다. 계획이 무너지는 것을 병적으로 싫어하고, 즉각적으로 대처하기보다 새로운 계획을 짜기 위해 또 시간을 소비합니다. 하지만 개방형은 처음부터 구체적인 계획이 있지 않았던 만큼 공부하다가 부족한 부분이 있으면 시간을 더 투자하기도 하고 예상보다 빨리 진도가 나가면 시간을 줄이기도 하는 등 융통성을 발휘합니다. 하지만 세부적인 계획이 없어 시간 관리에서는 약점을 보일 수 있죠. 저는 두 유형 모두 장단점이 있다고 생각하는데요, 그렇기에 어느 쪽이 더 좋다고 아이에게 강제하시기보다 아이에 성향에 맞는 분명한 전략을 가지고 지도해주시기를 추천 드립니다(단, 학부모님 개인의 성향은 절대 반영하시면 안 됩니다).

공부하는 방법을 잘 모르는 D그룹이자 계획형인 아이(평소 계획성을 가진 아이)에게는 시험기간을 효과적으로 운용하는 방법을 차근차근하게 알려주세요. 우선 공부 계획표를 작성하게 합니다. 시험이 2주 남았다면, 내가 잘하는 과목과 약한 과목을 분류하고, 날짜 별로 과목을 배치합니다. 어떤 방법으로 각 과목을 공부해야 하는지도 구체적으로 알려주고 아이가 자신에 맞게 세부 계획을 세워 기입하게 합니다. 하루 공부가 그날그날 끝날 수 있도록 구체적으로 작성해야 하는데요, 이 타입의 아이들은 정해진 날짜에 계획한 공부가 제대로 되지 않으면 흐트러지는 경우가 많습니다(끊임없이 망가진 계획을 보충하는 일에 신경을 쓰고, 그 간극이 메워지지 않으면 결국 전체 계획을 다시 세우는 등 계획 자체에 시간 낭비를 하게 되는 것이죠). 그러니 하루 공부의 양은 최대 역량의 80% 정도로 가급적 느슨하게 작성하는 것이 좋습니다.

융통성을 가진 D그룹의 아이들에게는 공부 계획을 구체적으로 잡으라는 미션을 절대 주면 안 됩니다. 이 아이들은 구체적으로 계획을 짜야 한다는 생각도, 경험도 없는 경우가 대부분이기 때문에 '며칠까지 어떤 공부를 끝낸다'라는 데드라인만 정확하게 주시는 게 좋습니다. 데드라인이 있다는 것은 순간적인 집중력이 발휘되는 상황이 발생한다는 의미이고 이런 상황에 능력이 발휘되는 아이들이기 때문입니다. 그러고 나서 아이들이 잔소리라고 인식하지 않는 범위 내에서 진행 여부를 체크해나갑니다. 개방형 아이 학습 지도의 포인트는 '3일 공부 + 1일 보충 시간'처럼 중간 점검 시간을 가져야 한다는 것입니다. 그래야 앞서 발생한 예상치 못한 변수 때문에 뒤의 계획에 차질이 생기는 것을 막을 수 있고 3일간의 공부도 압박감 없이 잘해나갈 수 있습니다.

　'아이의 계획성'과 관련된 유형별 추천 수학 학습법은 아래와 같습니다.

유형	추천 학습법	구체적인 학습 방법 및 유의점
계획형	매일 달성 가능하도록 최대 학습 역량의 80% 정도의 매일 학습 계획을 구체적으로 세울 것	초등학생은 2~3일, 중학생은 5일, 고등학은 1주일 단위로 계획 세우기 연산 학습, 개념 학습, 문제 풀이 등의 학습 영역을 매일 조금씩 골고루 할 것 문제집, 교과서 읽기, 누적 복습, 오답 노트 만들기 등 구체적 학습 방법을 영역별로 따로따로 계획할 것 반드시 학습 시간이 아닌 학습 분량을 기준으로 할 것

개방형	3+1일 정도의 융통성 있는 시간 안에 정해진 분량을 자유롭게 완료하는 계획을 세울 것	보충할 기간을 감안하여 잡을 것(3일 공부 + 1일 보충) 장기 계획이 아닌 단기 계획 중심으로 하나씩 계획을 세울 것(단원 단위로 할 수도 있고 문제집, 교과서 읽기 등 공부 영역 단위도 가능. 중요한 것은 짧은 기간 동안 한 묶음씩 해결해나가는 것)

데이터가 중요한 원리원칙형 VS
동기부여가 중요한 감정형

두 번째는 어떤 행동을 하기 전, 결정에 큰 영향을 미치는 '심리적 성향'에 따른 분류입니다. 크게 '원리원칙을 따지는 유형'과 주변의 영향에 쉽게 휩쓸리며 '감정적인 선택을 하는 유형'으로 나누어볼 수 있는데요, 이 역시 성인이 된 후의 의사결정은 물론 어린 시절 학습에도 커다란 영향을 미칩니다. 이 두 유형을 '원리원칙형'과 '감정형'으로 구분하여 설명을 해보겠습니다.

초등학교 저학년 아이들에게는 학습에 있어 선택권이라는 것이 쉽게 주어지지 않습니다. '자기주도학습'이 지금의 가장 큰 화두이고 저 역시 아이들에게 어릴 때부터 읽고 싶은 책, 풀고 싶은 문제집 등 선택하는 권한을 조금씩 늘려주라고 권장하고 있습니다만 부모의 영향이 아직까지는 큰 상태이죠. 그런데 어릴 때부터 유난히 주관이 뚜렷한 아이들이 있습니다. "쟤는 누굴 닮아서 저렇게 고집이 센지 몰라." "벌써부터 제가 싫은 건 절대 하려고 들지 않아." 이런 말을 듣고 자란 아이라면 '원리원칙형'이라고 보셔도 좋습니다. 반면 '감정형'은 무언가를 선택할 때 타인이라는 요소가 크게 작용합니다. 이 아이들은 주관이 없다기보다 다른 사람들과의 '관계'에 더 신경을 쓰는 타입이라고 보시면 좋을 것 같아요. 학창 시절 아이들은 아무래도 성장 호르몬과 끼리 문화의 영향권에 놓여 있는지라 감정형이 상대적으로 더 많습니다. 이런 '감정'은 중학생 이상의 아이들이 학원을 선택하는 기준 중 하나가 되기도 하는데요, 워낙 마이웨이 기질이 강한 원리원칙형 아이들은 망설임 없이 본인이 좋다고 생각하는 교재, 학원, 선생님을 선택하지만 감정형 아이들에게는 남의 시선과 관계가 중요하기 때문이죠. 친구 따라 '강남'이 아니라 친구 따라 '학원' 가는 아이들이 그래서 나타나게 됩니다. 더 좋은 곳으로 함께 간다면야 환영할 일이지만 개개인에게 맞는 공부 방법이나 전략이 필요한 이 시대에 잘 다니고 있던 학원을 갑자기 그만두고 친구 따라서 옮기고 싶다고 하면, 부모님은 덜컥 겁부터 나게 마련입니다. 그렇다면 이 성향들을 어떻게 이해하고 학습에 적용시킬 수 있을까요?

원리원칙형 아이들은 객관적인 사실에 영향을 받습니다. 아무리 자기 주관이 뚜렷하다고 해도 처음에는 어디에서든 영향을 받겠죠. 시험 기간 활용, 문제집 선택, 학원 선택 등 커다란 이슈에 관해서는 더욱 그렇습니다. 하지만 이 유형의 아이들은 감정적으로 선택을 하기보다는 객관적 기준과 인과 관계, 논리적인 분석에 의해 결정하는 경향이 있습니다. 그러니 지금보다 공부를 더하게 만들고 싶으시다면 '객관적인 설명, 자료, 논리'를 이용해 아이를 '설득'하셔야 합니다. '네가 공부를 안 해서 엄마가 너무 힘들고 속상하다'는 식의 감정적인 설득은 이 아이들에겐 전혀 효과가 없다는 것 기억하세요.

지역 강연에서 학부모님이 이런 질문을 하신 적이 있습니다. "저희 아이는 지역 일반고를 다니고 있는데요, 내신 경쟁도 치열하지 않고 시험 자체의 난이도가 높지 않아 줄곧 등급은 잘 받아옵니다. 제가 보기에는 한참 부족하지만 아이는 지금 성적에 만족해해요. 주변에 성적에 민감하거나 학생부 관리를 열심히 하는 친구가 있어서 자극이라도 되면 좋겠는데 다들 크게 연연해하지 않는 모양이에요. 그런데 저는 서울 아이들, 특히 교육 특구에서 공부하는 같은 학년 아이들의 학습량이나 수준 이야기를 들을 때마다 엄청나게 불안하거든요. 저희 아이도 좀 더 공부에 욕심을 내야 하는 것 아닌지 걱정입니다."

저는 일단 그렇게 공부 시키고 싶으신 이유에 대해 물었습니다. 지금 학교 성적이 중요한 게 아니라 전국 아이들과 경쟁해야 하니 좀 더 경쟁력을 가진 아이로 키우기 위해서라고 하시더군요. 그래서 아이 성향이 어떠냐고 여쭤봤습니다. 처음엔 좀 당황하셨지만 이내 상세한 이야기를 해주셨고 그를 바탕으로 판단하건대 아이는 '원리원칙형'이었습니다. 그래서 어머니의 감정적인 접근, 타인과의 비교가 별로 효과가 없었죠. 물론 교육 특구로 전학을 가서 아이가 좀 더 현실적으로 상황을 인지하게 만들 수도 있습니다. 하지만 전학과 이사 등 큰 환경 변화는 아이와 부모 모두에게 부담이 될 수도 있어 아이의 꿈과 목표의 '달성 가능성에 대해서 객관적으로 얘기해주자'고 말씀 드렸습니다. 이런 이야기죠. 만일 아이가 수의사가 되고 싶다면, 수의사가 되기 위해서는 어떤 학교, 어떤 학과에 진학을 해야 하며, 합격권인 수능 점수 및 내신 등급은 어느 정도 되는지 객관적이고 논리적인 데이터를 제공하는 겁니다. 만일 아이가 정말 수의사가 되고 싶다면 그 데이터를 객관적인 지표 삼아 자신의 목표를 설정할 테고 자연스럽게 필요한 공부를 할 테니까요. 원리원칙형 아이를 설득하기 위해서는 그 유형의 '심리적 요인'에 포커스를 맞춘 접근이 필요합니다. 반대로 감정형 아이였다면 어떻게 해야 할까요? 감정형 아이에게는 주관적 가치가 매우 중요합니다. 어떤 부분을 자극하는 것이 효과적일까를 구체적으로 떠올려보셔야 합니다. 만약 아이가 학교에서 상위권인 것에 큰 자부심을 가지고 있다면, 이 부분을 자극할 필요가 있습니다. 잘하는 아이들 그룹에 어떻게 해서라도 합류시키거나 노출시키는 노력이 필요하죠. 지역 학교와 학원에서 불가능하다면, 전국 단위 캠프나 경시대회, 영재원 도전 등을 목표로 제시해 보는 것도 좋습니다. 그 그룹에서도 상위권을 유지하고 싶은 아이의 욕구가 저절로 학습 목표 상향이라는 결과를 가져올 것입니다.

'아이의 심리적 성향'에 따른 유형별 추천 수학 학습법은 아래와 같습니다.

유형	추천 학습법	구체적인 학습 방법 및 유의점
원리원칙형	객관적인 성공 학습법들을 따라하면서 본인에게 맞는 공부법 찾기	아이를 설득할 수 있는 논리적인 학습법 추천 가장 효과적인 것은 수학 노트(퀴즈 아이디어 노트, 풀이 노트, 개념 노트, 오답 노트, 틀린 문제 분석 노트)들의 적용이 얼마나 유용한지에 대해서 객관적인 데이터, 사례 등을 통해 소개하고 하나씩 적용해보는 것
감정형	아이의 감정적인 욕구를 찾아 이를 만족시킬 수 있는 공부 목표 세우기	이 유형의 아이들이 가진 기본적인 학습 욕구는 자신의 성과를 인정받는 것이므로 달성 가능한 목표를 세우고 이에 대한 적절한 보상을 줄 것 (ex. 50일 동안 매일 학습에 대한 스티커를 붙이고 모두 달성했을 때 이에 원하는 선물 주기)

내신에 강한 현실형 VS
모의고사에 강한 의미부여형

마지막으로 사물을 인식하는 성향에 따른 분류입니다. 어떤 사물을 바라볼 때 사물을 있는 그대로 받아들이면서 보고 느낀 점을 사실적으로 말하는 사람이 있는 반면, 그 사물에서 연상되는 상징적인 의미와 감정을 말하는 사람도 있습니다. 이 두 유형을 '현실형'과 '의미부여형'이라고 구분해서 설명하려고 하는데요. 현실형은 막연하고 추상적인 내용보다 본인의 경험에 근거한 사실적 내용을 더 신뢰합니다. 그렇다 보니 먼 미래를 내다보고 비전을 그리는 걸 어려워하죠. 미래에 뭘 하고 싶냐는 질문에 대답을 잘 못하는 아이들이 있습니다. 구체적인 꿈이 없어서 그런 경우도 있지만 지금의 상황에서는 그 미래가 너무 막연해서 그려지지 않기 때문이기도 해요. 그래서 현실형 아이들은 미래의 비전을 강조하기보다는 당장의 목표에 집중하고 그 목표들을 달성함에 따라 한 차원 높은 목표를 새로 세움으로써 발전적인 모습을 만드는 것이 좋습니다. 현실형 아이들의 장점은 세부 정보에 대한 기억력이 높다는 것인데요, 수업 시간에 선생님의 말을 빠뜨리지 않고 꼼꼼하게 필기하는 것이 바로 이 유형의 아이들입니다. 그래서 범위가 넓고 전체적인 내용을 물어보는 모의고사보다는 디테일이 요구되고 좁은 범위를 다루는 내신 시험에 더 강한 편이죠. 현실형 아이들은 공부를 할 때 정확하고 디테일하지만 모험을 하는 편은 아닙니다. 새로운 공부 방법의 장점을 알아도 쉽게 도전하지 않죠. 하지만 자신에게 맞는 방법을 찾는다면 특유의 성실함(시스템과 절차를 따르는 데 익숙하고 뛰어남)으로 좋은 성과를 낼 수 있는 아이들입니다.

반면에 의미부여형은 창의적이고 미래지향적입니다. 자유롭게 상상하고 멋진 미래를 꿈꾸죠. 그래서 현실형보다는 훨씬 큰 꿈을 가지고 있는 경우가 많습니다. 그 꿈을 달성하기 위한 역량의 유무는 다른 성향들과 함께 봐야 하겠지만, 기본적으로 지금 하고 있는 것보다는 더 나은 것을 꿈꾸고 색다른 것에 끌리는 경향이 있습니다. 조직에서는 미래 지향적인 아이디어를 제공하는 사람일 가능성이 높은데요, 눈에 보이지 않는 이면에 주목하는 경향이 있기 때문에 나무가 아닌 숲을 보는 스타일입니다. 그래서 의미부여형 아이들은 공부해야 할 내용의 전체 구조를 파악하는 데 재능을 보입니다. 큰 틀에서 목차와 구조 등을 이해하고 큰 밑그림을 그린 후 공부를 시작하는 경우가 많죠. 장점은 각각의 세부적인 내용이 모여 만드는 큰 의미의 상징을 쉽게 파악하는 것이지만 디테일에는 좀 약한 모습을 보입니다. 그리고 기억하는 방식 자체가 자기만의 방식인 경우가 많아서 오래 기억하고 상징적으로 기억하지만 기억에 오류가 있을 가능성도 배제할 수 없습니다. 그리고 겉으로 보이기에 의미부여형 아이들은 모범생으로 보이지 않습니다. 꼼꼼하게 필기를 하거나 공부에 몰두하는 모습이 잘 보이지 않거든요. 평소 내신 성적이 아주 뛰어나진 않았던 학생이 모의고사에서 갑자기 전교권으로 떠오른다면 의미부여형일 가능성이 매우 높습니다. 틀에 박힌 방법이나 반복적인 일을 좋아하지 않아서 나타나는 현상이죠.

'인지 성향'에 따른 유형별 추천 수학 학습법은 아래와 같습니다.

유형	추천 학습법	구체적인 학습 방법 및 유의점
현실형	장점인 꼼꼼한 정리 및 필기를 바탕으로 그것들이 모여 만드는 큰 흐름(맥락)을 이해하도록 지도할 것	마인드맵이나 비주얼 씽킹처럼 큰 틀에서 내용을 요약하고 정리하는 연습을 할 것 꼼꼼함을 바탕으로 누적 반복학습(개념 공부 및 문제 풀이 방식에 도입)에서 효과를 거둘 것
의미부여형	강점을 살려 공부해야 할 내용의 전체적인 맥락을 이해하여 정리하고 부족한 세부 내용을 꼼꼼하게 덧붙일 것 새로운 공부법을 시도해보면서 자신의 장점으로 흡수할 것	마인드맵에 뛰어나지만 코넬식 노트 방식의 꼼꼼함도 함께 적용해볼 것 문제집 한 권을 반복하는 것이 잘 맞지 않는 경우가 있으니 같은 레벨의 다른 문제집 2,3권을 2번 정도 반복하는 것도 좋음(단, 중복 문제는 풀지 말 것)

5장

=

무적의
고교생을 위한

12년 수학 로드맵

지금까지 우리는 수학 교육 12년 과정의 각 단계별 고민들을 살펴보는 것으로 시작해(1장), 초중고 수학 교육의 궁극적인 목적 달성을 위해 알아야 할 최소한 것들인 2015 개정교육과정, 평가 제도, 입시 제도에 대해 자세히 알아보았습니다(2장). 그리고 3장에서는 흥미 유도, 연산 학습, 개념 학습, 문제집 활용법 등 아이의 수학 실력을 실제적으로 향상시키기 위해 필요한 공부 영역들에는 어떤 것들이 있고 어떤 방법이 효과인지 '진짜 수학 공부법'을 배웠습니다. 하지만 공부법은 노하우일 뿐이고 그 공부 방법들이 완벽하게 우리 아이의 것이 되기 위해서는 아이의 학습 성향을 파악해야만 하는데요, 이를 위해 4장에서 기질과 성향에 따라 아이들을 분류하고 각각의 유형에 맞는 지도법을 함께 알아보았습니다. 지금부터는 이 일련의 과정을 거쳐가며 배운 내용을 바탕으로 우리 아이 수학 학습 12년 로드맵을 작성하고 관리하는 방법에 대해서 알아보는 시간을 가져보려 합니다. '내가 과연 우리 아이를 제대로 가르칠 수 있을까' 또는 '제대로 가르치려면 아이와 또 얼마나 많이 싸워야 할까' 걱정스러우신 분들도 많이 있을 줄로 압니다. 하지만 저는 지금까지 수학 교육 이야기를 하면서 한 번도 엄마가 아이를 "가르쳐야 한다"는 말씀을 드린 적이 없습니다. 대신 "지도해주세요", "이끌어주세요"라는 표현을 주로 사용하였지요. 그건 제가 아이가 배워야 할 '학습 내용을 가르치는 것'은 부모의 몫이 아니라고 생각하기 때문입니다. 엄마는 선생님이 아닙니다. 엄마는 코치입니다. 그럼 코치는 어떤 역할을 해야 할까요? 스케줄을 큰 틀에서 관리하고, 환경을 제어하며, 방향성을 제시합니다. 또 선수(아이)의 요청사항을 적극 반영하여 결핍 없이 과정을 완수할 수 있도록 해주죠. 나아가 과정별 학습부터 입시까지 전략과 선택의 근거를 만드는 일을 주도합니다. 하지만 이 모든 것은 코치의 일방적인 선택이 아니라 소통과 합의하에 결정되며 점점 더 선수의 결정에 많은 비중이 할애되어야 합니다.

그럼 코치가 되기로 결심한 엄마가 해야 할 일들에는 어떤 것들이 있을까요? 우선 아이가 초등 저학년이라면 코치의 역할이 좀 더 광범위해집니다. 처음으로 '공부'라는 것을 해보는 아이는 엄마의 시범 없이 스스로 공부를 해내기가 어렵습니다. 이때에는 '직접 시범을 보이는 코치'가 되어야 합니다. 예를 들어, 공부하는 분위기를 조성하고 '책을 읽고 난 후에는 이렇게, 문제집을 풀고 난 후에는 이렇게 하는 것이다'라는 것을 잔소리나 지시가 아니라 실제로 보여줘야 하는 것이죠. 엄마의 시범을 조금씩 따라하다 보면 학년이 올라가고 그 행동들이 습관화되면서 엄마의 손길 없이도 스스로 공부할 수 있는 아이가 됩니다. 따라서 자칫 초등학교 고학년 이후에도 엄마주도학습, 학원주도학습으로 흘러가지 않도록 '코치'가 해야 할 일과 하지 말아야 할 일을 명확히 구분하는 것 또한 매우 중요합니다.

12년 로드맵의 주춧돌
초등 수학 다지기

초등학교 수학은 중학교, 고등학교 수학의 출발점으로서, 위계성을 가진 수학 과목의 특성상 이후의 수학 성취도를 결정할 정도로 매우 중요합니다. 따라서 부모님들이 좀 더 적극적으로 관여하셔서 각 학년별로 아이들이 특히 어려워하는 지점들을 미리 살펴보고, 체감 난이도를 중심으로 중점 학습할 내용을 미리 파악해 두시는 것이 좋습니다. 아이의 부족한 부분을 찾았을 때 해결을 위한 부모의 선택은 모두 다르겠지만 사교육이 필요한 상황을 대비하여, 사교육에는 어떤 선택지가 있는지 그 장단점을 살펴보고 어떤 아이들에게 필요한지 등을 큰 틀에서 이해할 수 있는 근거를 말씀 드리겠습니다. 그리고 최종적으로 이러한 내용들을 바탕으로 우리 아이의 12년 수학 교육의 로드맵을 짜보려고 합니다.

학년별 취약 포인트와 체감 난이도

체감 난이도가 상대적으로 객관적인 수학 과목의 특성상, 학년별로 공통된 취약 포인트가 되는 내용들이 있습니다. 이런 부분들을 각 학년이 시작되기 전에 미리 체크해두셨다가 끝난 후에는 다시 한 번 철저히 복습할 수 있도록 지도해주셔야 하는데요, 순서는 ★가 가장 많은 것부터입니다. 물론 개인차가 있기 때문에 제시된 내용은 기준으로 생각해주시고 실제 내 아이의 체감 난이도를 잘 기록해두셨다가 반드시 학습에 반영하시기 바랍니다.

1학년 수학: 너무 쉬워서 실수가 많은 시기

- 불분명한 덧셈과 뺄셈 표현
- 추상적인 개념의 이해 부족
- 낯선 시각의 개념
- 숙달되지 않은 길이, 높이, 들이, 무게 등의 단위 표현

학년	영역	내용	체감난이도
1	수와 연산	100까지의 수 간단한 실생활 속의 덧셈과 뺄셈 두 자리 수의 덧셈과 뺄셈	★★★ ★★ ★★★★★

학년	영역	내용	체감난이도
1	도형	입체도형의 모양 평면도형의 모양	★★ ★★
	측정	구체물의 (길이,높이,들이,무게) 비교 시간을 '시간'과 '분'으로 읽기	★★ ★★★
	규칙성	규칙적인 배열에서 규칙 찾기 자신이 정한 규칙에 맞게 배열하기	★★★ ★★★★★

2학년 수학: 곱셈에 대한 분명한 개념 파악이 필요한 시기

- 자연수 사칙연산의 미숙

- 삼각형, 사각형의 직관적 정의(오개념으로 갈 수 있음)

- 시간의 개념 확장

학년	영역	내용	체감난이도
2	수와 연산	네 자리 수 두 자리 수의 덧셈과 뺄셈(받아올림, 내림 포함) 곱셈의 의미 곱셈구구(구구단 외우기)	★★★ ★★★ ★★★★ ★★★★
	도형	기본적인 평면도형의 개념 익히기	★★★★
	측정	cm와 m의 크기 알기 도구를 이용한 물건 길이 재기 시계 정확히 읽기 여러 가지 시간 단위 알기 측정값을 이해하고 표현하기	★★ ★★ ★★★ ★★★★★ ★★★
	규칙성	다양한 변화에서 규칙 찾기 자신이 정한 규칙에 따라 배열하기	★★★ ★★★
	자료와 가능성	간단한 표와 그래프 나타내기 기준에 따라 분류하고 기준에 따른 결과 말하기	★★★ ★★

258

3학년 수학: 복잡한 계산이 나오기 시작하는 시기, 처음으로 수포자 발생

- 곱셈과 나눗셈의 연산 오류
- 분수의 오개념
- 빈번한 연산 실수
- 선분과 직선의 구분

학년	영역	내용	체감난이도
3	수와 연산	세 자리 수의 덧셈과 뺄셈 곱셈의 고도화 나눗셈 개념 알기 분수와 소수의 이해	★★★ ★★★★ ★★★★ ★★★★
	도형	직선, 선분, 반직선의 구분 각의 이해 직각삼각형, 직사각형, 정사각형 알기 원의 구성요소 알기	★★★★ ★★★★ ★★★★ ★★★
	측정	길이 환산하기 시간을 초 단위까지 읽기 들이의 개념 이해 들이의 덧셈과 뺄셈 무게 읽기와 단위 환산 무게의 합과 차	★★★ ★★★ ★★★★ ★★★ ★★★ ★★★
	규칙성	계산식의 배열에서 규칙 찾기	★★★★
	자료와 가능성	자료의 수집 그림그래프 나타내기	★★★ ★★★

4학년 수학: 도형에 중점을 두어야 하는 시기

- 자릿수 개념

- 삼각형, 사각형의 종류

- 막대 그래프, 꺾은선 그래프

학년	영역	내용	체감난이도
4	수와 연산	다섯 자리 이상의 수 분수의 덧셈과 뺄셈 소수 세 자리의 수의 이해 소수의 덧셈과 뺄셈	★★★★ ★★★★ ★★★★ ★★
	도형	각과 여러 가지 삼각형 여러 가지 사각형 평면도형의 이동 다각형과 정다각형	★★★★ ★★★★ ★★★★★ ★★★
	측정	삼각형과 사각형의 내각 크기 각도 재고 그리기	★★★ ★★★★
	규칙성	다양한 변화의 규칙을 수로 나타내기 규칙을 추측하고 말이나 글로 표현하기	★★★ ★★★★★
	자료와 가능성	막대 그래프, 꺾은선 그래프	★★★

5학년 수학: 초등 수학의 핵심, 동시에 폭풍 속으로!

- 약수와 배수

- 혼합계산의 속도 차

- 분수의 덧셈과 뺄셈

- 공식의 혼동

- 선대칭과 점대칭의 차이

학년	영역	내용	체감난이도
5	수와 연산	약수와 배수 (최대공약수, 최소공배수) 약분과 통분 자연수의 사칙연산 소수와 분수의 크기 비교 분모가 다른 분수의 덧셈과 뺄셈 분수의 곱셈 소수의 곱셈	★★★ ★★★★ ★★★★ ★★★ ★★★ ★★★ ★★★
	도형	직육면체와 정육면체의 성질 합동의 의미 선대칭과 점대칭의 의미와 구분	★★★ ★★★★ ★★★★★
	측정	어림하기 평면도형의 둘레 구하기 평면도형의 넓이 구하기	★★★ ★★★ ★★★★★
	규칙성	두 양 사이의 대응관계 이해하기	★★★★★
	자료와 가능성	가능성 평균	★★★★ ★★★

6학년 수학: 초등 과정 마무리, 예비 중등

- 비와 비율의 의미

- 비례식의 개념과 공식

- ㎝, ㎠ ㎤의 차이

- 도형 문제 전반

학년	영역	내용	체감난이도
6	수와 연산	분수의 나눗셈 소수의 나눗셈 분수와 소수의 혼합계산	★★★ ★★★ ★★★
	도형	각기둥과 각뿔의 성질 여러 가지 입체도형	★★★ ★★
	측정	원주율과 원의 넓이 구하기 겉넓이와 부피	★★★★★ ★★★★
	규칙성	비와 비율 비례식의 이해 비례배분	★★ ★★★★ ★★★★
	자료와 가능성	비율 그래프(원 그래프, 띠 그래프) 그리기	★★★★

학습 완성도 체크 테스트

다음으로, 아이들의 체감 난이도를 기준으로 우리 아이도 그 내용을 어려워하는지, 직접 판단해보는 방법을 알려드리겠습니다. 그 판단은 상대 테스트가 가장 적합한데요, 부모님이 묻고 아이가 대답하는 식의 간단한 문답식의 테스트도 가능하지만 보다 객관적인 진단을 위해 온라인으로 제공되는 어느 정도 표준화된 테스트를 이용하려고 합니다. 국가 단위의 시험이 있다면 더 정확하겠지만 현재 초등학교 과정에서는 일제고사가 전면 금지되어 다른 아이와의 상대적인 비교가 어려우므로 내 아이 자체의 기준(내용별 테스트 성적 순위 기준으로 충분하고, 부족한 내용을 파악하면 됨)으로 판단하시면 됩니다. 진단 테스트를 위해 추천하는 사이트는 총 2개입니다.

1. 에듀넷 티클리어 http://www.edunet.net/

에듀넷 티클리어는 학교 선생님들이 교육과정에 대한 정확

한 정보와 다양한 수업 자료를 얻을 수 있는 교육정보 플랫폼입니다. '티클리어TCLEA'는 교육과정Curriculum, 교수학습Learning, 평가Evalution, 활동자료Activity Resources를 통합하여 줄인 말이며 선생님들뿐만 아니라 학생 및 일반인들이 활용한 만한 자료들이 다량 탑재되어 있습니다. 이곳에서 활용할 수 있는 진단테스트는 〈수업〉→〈수업, 연구자료〉→〈초등학교(중학교)〉→〈학기 선택〉→〈수학〉→〈핵심정리 및 평가자료〉로 접속하셔서 나온 테스트지를 출력해서 사용하시면 됩니다.

  2. EBS Math http://www.ebsmath.co.kr/

EBS MATH는 EBS가 교육부 및 전국 17개 시도교육청과 협력하여 초등학교 3학년부터 고3까지 1,200여 편의 창의적인 수학 교육 동영상을 포함 총 11,400여 편의 다양한 수학 콘텐츠를 서비스하고 있는 수학 학습자료 사이트입니다. 중학 수학에 한하여 '문제카드'라는 형식으로 테스트해볼 수 있는 서비스를 제공하고 있는데요, 타 학년은 아직 준비되어 있지 않아 아쉽지만 초등 교구형 미니게임과 고교 수학 랭킹게임이 있는 〈수학 게임존〉을 통해 간접 테스트를 진행해볼 수 있습니다.

약점 보완과 효율성 증대를 위한 사교육 활용법

앞의 과정을 통해 우리 아이의 실력을 확인해보았을 때, 부족한 영역이 발견되었다면 위 학년이나 상급학교에 진학하기 전 반드시 보충 학습을 해야 합니다. 이때 학부모님에 따라서는 책의 3장에서 배운 것처럼 교과서를 가지고 개념 복습을 시키기로 결정할 수도 있고, 문제집을 여러 번 반복시켜야겠다고 생각할 수도 있습니다. 부모님의 코칭 아래 아이가 스스로 자기주도학습을 하는 것이 기본이지만 아이들 중에는 사교육의 도움이 절실하게 필요한 경우도 있습니다. 학원을 비롯한 사교육 기관에 다닌다고 해서 자기주도학습이 아닌 것은 아니라고 제가 몇 차례 말씀드렸었는데요, 자기주도학습은 공부의 주도권이 부모나 학원이 아닌 나 '자신'에게 있는 학습이지 학원을 다니는지 여부가 결정하는 것은 아닙니다. 학원을 다니면서도 자기주도학습을 하는 아이들은 많이 있기 때문이죠. 어찌되었든 사교육의 장단점을 잘 알고 있어야 혹시나 우리 아이에게 학원이 필요할 상황에 대비할 수 있습니다. 이상의 내용을 제가 정리한 아래 표를 보고, 사교육의 종류와 그에 따른 장단점, 추천하는 학생의 타입에 대해서 알아두시면 도움이 될 것입니다. 유형은 위부터 아래로 갈수록 학생과 선생님 간의 밀접함이 높아지는 기준으로 배치했습니다.

유형별 장단점과 적합성

유형	장점	단점	적합한 학생
인터넷 강의	장소에 구애받지 않음 스스로 학습 난이도/ 스케줄 구성 가능	스스로 의지가 필요 인터넷 사용 유혹 극복 완강을 위해서 너무 많은 시간 소모 개별 질문이나 오답 풀이 불가능	자기주도학습 능력이 있는 학생 심화나 후행보다는 선행에 적합
하브루타형 학원	최신 교육 트렌드가 반영된 교수법 수학+토론+발표능력 동시 개발 적극성 계발, 자신감, 자존감 향상	학생의 적극성을 전제로 함 개인의 잠재능력에 따라 효과 유무가 좌우됨	외향적인 성격의 학생 수학에 대한 두려움이 큰 학생

5장 무적의 고교생을 위한 12년 수학 로드맵

자기주도 학습형 학원	개인의 수준에 맞는 수업 가능 인터넷 강의의 장점+ 개별 질문과 오답 풀이 가능	강사나 학원 프로그램에 따라 효과 유무가 좌우됨 초등에게는 추천하지 않음(인강 집중력 현저히 떨어짐)	자기주도학습 능력이 있는 학생 선행을 할 수 있는 능력이 있고 심화나 후행을 속도 있게 끝내고 싶은 학생
판서식 강의형 학원	가장 보편적인 교수법 구성원에 좌우되지 않고 정확한 시수로 수업이 가능	인원이 많아지면 소외되는 학생이 있기 마련임 수업 시간 중, 개별적인 질문이 거의 불가능 (강의 외 개별 프로그램 필요)	판서식 수업에 익숙하고, 잘 따라오는 학생 (가장 일반적) 변수 없이 정해진 커리와 시수로 과정을 완성하고 싶은 학생
소규모 수업/ 그룹 과외	비슷한 수준의 학생들끼리 수업 가능	그룹원의 성실성에 따라 효과 유무가 좌우됨 (소수지만 1인처럼 스케줄 관리 필요)	경쟁이 동기부여가 되는 학생
1:1 과외	1인에게 집중된 수업 가능	강사와의 합에 따라 효과 유무가 좌우됨 합과 실력을 갖춘 강사를 찾기 어려움 과정 및 기간 등 명확한 기간이 필요 (장기화되면 수업 효과 떨어짐)	개별관리가 필요한 학생 강사의 관심과 칭찬 등이 동기부여가 되는 학생

좋은 사교육 고르는 법

사교육의 종류를 막론하고, '좋은 교육'을 하는 기관에 대한
기준은 동일합니다. 어떤 유형의 사교육을 받을지 결정이 되었다

면 그 안에서 또 좋은 교육을 하는 곳을 알아보는 기준이 필요합니다. 아래 그 중요한 포인트를 하나씩 소개하니 혹시 상담차 방문하시게 되면 반드시 질문을 통해 궁금증을 해결하고 확신을 얻으시기 바랍니다.

- 학생의 현재 상태에 대해서 관심을 가지는 곳
- 학생의 성적 추이에 대해서 관심을 가지는 곳
- 수학 학습에 있어서 개념 이해의 중요성을 인식하고 문제 풀이 못지 않게 개념 이해에 시간을 많이 할애하고 있는 곳
- 과도한 선행 학습보다는 학생이 배운 내용을 소화하는 데 관심을 두는 곳
- 숙제를 많이 내주기보다 학생이 해온 숙제를 점검하는 데 더 의의를 두는 곳
- 지필평가 못지 않게 수행평가의 중요성을 인식하고 장기적인 관점에서 그 능력을 계발하고 관리해주는 곳
- 학생 스스로 자기주도학습을 할 수 있는 제도적 여건이 마련된 곳
- 초중등 학생들에게도 대입까지의 수학 학습 로드맵을 제시하고 이끌어줄 준비가 되어 있는 곳

우리 아이에게 꼭 맞는
12년 수학 로드맵 구성하기

그럼 지금부터는 앞서 배운 내용을 바탕으로 우리 아이에게 꼭 맞는 수학 교육 12년 로드맵을 구성해보겠습니다. 그 전에 우선 일반적으로 권장하는 로드맵을 먼저 살펴볼 텐데요, 이 로드맵에는 초등학교 1학년부터 고등학교 3학년까지 12년 동안 각 학년별로 챙겨야 하는 수학 역량, 진도 수준, 추천 학습 방법 등이 포함되어 있습니다. 부모님들께서는 아이가 특정 학년이 되기 전 이로드맵을 참고하여 올 한 해 어떤 부분에 가장 중점을 두고 수학교육을 지도해야 할지 가늠해보시기 바랍니다. 그리고 이후 우리아이의 현실에 맞게 구체적인 계획도 잡아보세요.

부모님들도 각자의 성향이 있기 때문에 (앞서 살펴본 개방형 아이들처럼) 장기적인 관점에서 아이의 계획을 구체적으로 잡는 것이 어려우실 수도 있습니다. 저는 그런 경우 이 로드맵 가이드가 더 유용하게 쓰일 것으로 판단합니다. 아이의 12년 학습은 마라톤과 같이 긴 호흡으로 진행되기 때문에 장기적인 관점에서의 계획은 반드시 필요합니다. 처음부터 모든 계획을 세우려고 애쓰지는 마세요. 처음에는 제가 제시해드린 로드맵을 근거로 잘하고 있는지, 빠뜨리는 것은 없는지 체크하는 용도로 사용하시고 조금씩 단기 목표를 잡아보시기 바랍니다. 이렇게 작성한 로드맵이 아이가 그 목표들을 하나씩 달성하거나 또는 방향을 전환해야만 할 때 그 하나의 결정이 앞으로 아이에게 어떤 영향을 미치게 될지 조금은 미리 내다볼 수 있는 근거가 되어줄 것입니다.

<기본> 초등 6년 수학 학습 로드맵

초1	초2	초3	초4	초5	초6
쉬운 연산, 조작 과정 중심 느린 진도	사고력 학원의 유혹과 선택	추상 개념의 등장	도형 문제의 본격 도입	난이도 급상승 (초등 수학의 핵심)	여름방학 초등 수학 마스터 (연관단원맵, 수학사전 등 활용)
엄마표 학습 계획 세우기	수학적 어휘력 보강 시작	멀티미디어 수학 학습 추천 (EBS MATH 등)	잠재적 수포자의 등장	아이의 역량에 따라 수학 학습 시간 확대 권장	겨울 방학 늦어도 중등 선행 시작
놀이/교구 중심 수학 학습	수학 독서/ 일기쓰기 도전	한 학기 이상의 선행 시작 시기	부족한 영역 조금씩 보충 필요	중등 수학 선행 고려 (초5~중1 과정의 연계성)	
수감각 키우기	하루 30분 학습 습관 기르기 (놀이 수학 제외 시간)	사교육을 본격적으로 고민하는 시기	수행평가를 대비한 교과 수학 연습	부모의 조급함 절대 금물	
수학적 흥미 키우기		과학,영재교 커리의 본격적인 시작			

<응용> 우리 아이 초등 6년 수학 학습 로드맵

초1	초2	초3	초4	초5	초6

5장 무적의 고교생을 위한 12년 수학 로드맵

<기본> 중등 3년 수학 학습 로드맵

중1	중2	중3
초등 때 못한 초등 수학 마스터 (연관단원맵, 수학사전 등 활용)	가장 중요한 수학 내신 시험 중 하나인 중2 1학기 중간고사 대비(시험 기간 동안 전과목 공부 계획 세우기 연습)	중3 수학=고1 수학으로 인식하고 중3 수학 심화
중등 과정의 주요 개념을 이해할 수 있는 수학 추천 도서 읽기	중등 수학의 핵심은 중2 수학	고등 선행을 위한 진도 위주 학습보다는 깊이 있는 현행 학습이 더 중요
명확한 개념, 용어 학습 (개념 노트 작성)	주요 영역(방정식, 함수, 기하)의 심화 여부 결정 (수준에 따라)	중등 수학 마스터(연관단원맵, 수학사전 등 활용)
내신 시험이 없어 소홀하기 쉬운 중1 수학 성실히, 수학 수행평가 훈련 (수행평가 대비로 PT 및 온라인 매체 활용 연습 필수)	일반적인 사교육 진도로, 고등 선행 시작	늦어도 중3 겨울에는 고등 선행 시작
중1 실력을 바탕으로 앞으로의 선행 여부 결정 (진도, 속도, 방법)	공부 주도권과 책임은 자녀에게 이동	중3 겨울방학(목숨 걸고)의 효율적 활용: 중등까지 실력 점검 및 각자에게 맞는 공부 방법에 의한 공부 전략 세우기
외고/자사고 지원 여부 결정 (~2024년)		

<응용> 우리 아이 중등 3년 수학 학습 로드맵

중1	중2	중3

<기본> 고등 3년 수학 학습 로드맵

고1	고2	고3
중등 때 못한 수학 마스터 (연관단원맵, 수학사전 등 활용, 시간 부족 관계로 부족한 영역만 집중 학습)	2학년 1학기까지는 무조건 내신 준비	(교육청) 모의고사 결과에 일희일비 금지
내신 수학 집중 관리 (학기 중에는 선행 금지) → 고1은 오직 내신 관리에 올인	수능 준비는 고2 여름부터	1학기: 부족한 내신 및 학생부 보완
대학 입시 전형 구체적으로 숙지 (학부모+학생 본인)	11월 이후는 예비 고3으로서 고3 마인드 장착	지원 전략에 따라 내신 or 수능에 대해서 선택과 집중 (만약에… 하면서 둘 다 준비 하면 둘 다 망함)
3월: 학교 파악(내신, 분위기) 4월: 중간고사 집중 5월: 수행평가 집중 7월: 기말고사 집중 → 2학기도 같은 패턴	겨울방학: 논술(이공계) 지원 예정자 집중 대비 시작/ 성적 급상승의 마지막 기회	6월 모의평가 결과를 바탕으로 지원 전략 최종 결정
여름방학: 진로 및 선택과목 결정, 2학기 내신 준비, 2학년 선행	수능, 내신, 학생부 준비 정도를 기준으로 대입 지원 전략 수립(선택과 집중)	6월 모평 이후 9월 모평 때까지 집중력 유지 (수시 합격자 주의)
겨울방학: 2학년 1,2학기 선행	수학 개념서 단권화 완성 + 나만의 오답 노트, 틀린 문제 분석 노트 필수	9~11월 수능시험 전까지 수학적 감각 유지 (새로운 시도 금물)

<응용> 우리 아이 고등 3년 수학 학습 로드맵

고1	고2	고3

성장하는 아이를 만드는
레벨 업! 엄마 코치

우리는 이 책을 통해 아이의 수학 교육에 대한 전반적인 정보들을 얻고 또 이를 기반으로 장기적인 로드맵을 세우고 있습니다. 이제 우리 아이들의 수학 학습에 관하여 최신 정보를 이해하고 전략적으로 접근하는 능력만큼은 여러분이 최고입니다. 하지만 그럴 때일수록 절대 잊지 말아야 할 것, 바로 '엄마 코치'로서의 역할과 경계입니다.

객관적인 눈으로 아이를 인정하는 것이 코치의 가장 기본적인 자질이자 역할입니다. 아이를 독립된 개체로 인정하고 부모와 다른 점을 인정해주세요. 아이의 현 상황을 객관적으로 판단하면 할수록 지금 당장 바꾸고 개선해야 할 것들이 명확하게 보일 겁니다.

부모에서 학부모로, 아이와 함께 성장하기

아이를 성장시키는 능력 있는 코치가 되기 위해서 다음의 코칭 원칙들을 명심하고 실천해나가시기 바랍니다.

하나, 20~30년 후 우리 아이가 사는 미래에 관심을 가지세요. 우리 아이들이 사는 미래는 부모세대가 살아온 과거, 현재와 매우 다른 양상을 보일 것입니다. 그리고 우리 아이가 미래의 사회구성원으로서 어떤 경쟁력 있는 사람이 되어야 할지 알고, 이끄는 코치가 되어야 합니다. 이를 위해 미래에 대한 책, 영상들을 보며 아이와 함께 대화의 소재로 삼아보시길 추천합니다.

둘, 현재 우리 아이는 꿈이 있나요? 꿈이 있다면 그 꿈을 전폭적으로 지지해주는 부모가, 없다면 좋아하고 관심 있어하는 분야에 대해 함께 관심을 가지고 경험해볼 수 있게 하는 코치가 되어주세요. 고등학생이 될수록 입시의 측면에서도 좀 더 명확한 진로 방향성을 잡는 것이 유리하지만 그 정도가 아니어도 계열이나 분야만큼은 중학생 때까지 같이 찾아주셔야 합니다. 그리고 그 분야로의 진학을 위한 수학 학습에 대한 설계(선행 진도 및 선택과목 등) 또한 매우 중요하다는 점도 기억하세요.

셋, 온라인 및 오프라인에는 새로운 교육 정보가 넘쳐납니다. 이 책을 통해 일단 무분별한 정보 사이에서 꼭 필요한 정보들이 무엇인지에 대한 감을 잡으셨다면 앞으로도 필요한 정보를 발견하는 즉시 잘 모아두시기 바랍니다. 네이버 밴드 '개인 밴드'나 카카오톡 '나와의 채팅' 기능을 사용해서 자료를 누적해서 보관하시면 언제든 편하게 꺼내 쓰실 수 있습니다. 더불어 제가 활동하는 교집합 밴드(https://band.us/@bumo) 및 네이버 카페(https://cafe.naver.com/bumoico), 교집합 스튜디오 유튜브 채널에서도 최신 교육 정보들을 끊임없이 만나보실 수 있으니 꼭 즐겨찾기 해두세요.

넷, 좋은 교육정보는 사실 쉽게 접근 가능한 정보가 아닐 수도 있습니다. 그러니 좋은 교육정보를 배울 수 있는 곳이라면 시간이 허락하는 한 적극적으로 발품을 파셔야 합니다. 또한 내가 가진 정보를 그 정보를 필요로 하는 사람들과 나눌 수 있는 분이어야 다른 사람의 소중한 정보도 나눠 받을 수 있음을 기억하시고 자녀 교육에 관해서 서로 상생하는 문화에 동참하세요.

다섯, 지금부터 우리 아이의 진로/입시/수학 학습 '로드맵'에 대해서는 직접 관리하세요. 아이의 학년이 높아지고, 경험해야 할 것들, 모아야 할 정보가 많아질수록 이 모든 것들을 중심을 잡고 관리할 사람이 필요합니다. 우리 아이가 적극적으로 하면 좋겠지만 여력이 없거나 아이가 도움의 손길을 요청한다면 반드시 잡아주세요. 특히 초등 저학년 때에는 엄마 코치가 전적으로 맡으셔야 합니다.

여섯, 학습 습관을 잡아주고 싶은 마음에 여러 습관 만들기를 동시에 시도하는 것은 아이에게는 강요로밖에 받아들여지지 않습니다. '하나씩 한걸음씩' 잊지 마세요. 하루 15분의 작은 습관이 아이의 행동과 사고, 그리고 나아가 학습을 대하는 태도를 바꾸기도 합니다. 아직 공부 습관이 잡혀 있지 않은 아이라면, 몰두해서 할 수 있는 (아이가 즐거워하는) 15분 습관부터 시작하는 겁니다.

일곱, 학교에 다녀온 아이에게 관심을 가져주세요. 간식을 챙기고, 학원 스케줄을 챙기는 것 이상으로 엄마와 나누는 사소한 대화가 중요합니다. 이 시간은 아이로 하여금 그날 학교에서의 수업을 머릿속으로 정리할 수 있게 도와줍니다. 질문은 반드시 수업 내용을 구체적으로 묻는 것이어야야 하며, 이를 위해서는 초등, 중등 때 아이의 수학 학습 시수와 진도를 파악하고 계시는 것이 좋습니다. 초등은 전주 금요일~ 주말을 통해 학교에서 전달되는 〈주간 학습 안내서〉, 중등 이후는 학교알리미의 〈교과별(학년별) 교과진도 운영계획〉을 참고하시기 바랍니다.

학교알리미 활용법

여덟, 아이가 12년간 지치지 않고 즐겁게 공부했으면 좋겠지만 심리적이든 육체적이든 언제고 한 번은 슬럼프를 겪게 될 수 있습니다. 이럴 때 아이가 포기하기 전에 절대로 먼저 포기하지 않아야 하며, 아이를 믿고 기다려주는 것도 엄마 코치의 역할입니다.

수학 1등급 만드는 1등급 코치 되기

절대 수학을 가르치려고 하지 말고 '코칭'하세요. 엄마가 배워서 가르치는 데에는 분명 한계가 있습니다. 시범을 보이고, 방향성을 잡고, 관리해주고, 지켜봐주세요. 그리고 응원해주세요. 든든한 코치가 있는 것만으로도 아이는 안정감 속에서 본분을 다할 겁니다.

반드시 명심하실 것! 수학 성적 등의 결과보다는 그 결과를 받기 위한 그동안의 노력과 과정, 열정을 칭찬하세요. 결과는 반드시 함께 피드백하고 다음 도전을 위한 밑걸음이 되게 하세요. 실수라는 이름으로 이해하려하지 마시고 반드시 원인을 파악하고 해결해야 합니다.

초등 저학년 때 시범을 보이고, 계획을 짜준다고 해서 수학 공부의 주체가 엄마이거나 학원이 되어서는 안 됩니다. 공부의 주체는 언제나 '아이 자신'임을 명확하게 인지시키세요. 부모가 도와주지 않으면, 학원을 그만두면, 아무것도 할 수 없는 아이들이 많습니다. 주체적으로 결정하고 스스로 자신을 객관적으로 판단할 수 있는 아이로 키우셔야 합니다. 그러기 위해서는 어릴 때부터 조금씩 아이에게 선택권을 넘겨주세요. 그리고 결과를 책임지게 하세요.

초등 저학년 때까지 수학이 즐겁고 재미있는 기억으로 남았으면 합니다. 비록 중등 이후 교과 수학의 진도와 양에 파묻히더라도 어릴 때 수학에 대한 좋은 기억이 남아 있다면 아이를 지치지 않게 도와줍니다.

최소 중등까지는 자신에게 맞는 수학 공부 방법을 찾는 것을 도와주세요. 올바른 수학 공부 방법은 이 책의 3장에서 영역별로 소개하고 있으니 우리 아이 성향에 맞다고 생각되는 방법부터 조금씩 도입해볼 수 있게 지도해주세요. 하지만 일반적으로 가장 효과가 있는 방법이라 해도 때에 따라서 우리 아이의 성향에 맞게 더 좋은 방향으로 수정할 수 있다는 것 역시 기억해주시고요.

부록

·

구멍 없는
내신 관리를 위한

수학 연관
단원맵 활용법

수학 개념은 초중고 내용이 모두 위계성을 가지고 있기 때문에 새로 나오는 개념은 반드시 그 이전에 나온 개념과 연결됩니다. 따라서 부족한 부분을 정확히 찾아 그 개념부터 제대로 이해하고(후행학습) 나서 그 다음 단계로(현행 학습→선행 학습 순) 넘어가야만 하는데요, 이를 소홀이 했다가는 중학교, 고등학교로 올라가는 시기에 예상치 못한 성적 하락을 겪게 될 수 있습니다.

80점이라는 성적에 대해 어떻게 생각하십니까? 중상 수준의 무난한 성적이라고 생각하신다면, 이 성적이 상급학교에 진학한 후 60점으로 변한다고 생각해보시기 바랍니다. 생각만해도 아찔한 기분이 드실 겁니다. 후행 학습으로 보충되지 않은 그 20점만큼의 결손은 시간이 갈수록 커다란 구멍으로 누적되어 결국 80점을 60점으로 만들어버립니다. 이 사실을 꼭 기억하시고, 부록으로 드리는 수학 연관 단원맵을 이용해 우리 아이 수학의 든든한 뒷배경(후행)을 만들어주세요.

그럼 이제부터는 이 연관 단원맵을 이해하기 위해 각 영역별로 초중고 과정에서 주의해야 할 내용들을 살펴보겠습니다.

1. 수와 연산

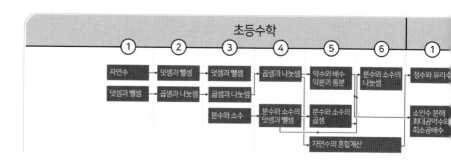

〈수와 연산〉은 초등 수학에서 가장 중요하다 할 수 있는 파트로서, 0부터 큰 수까지, 그리고 자연수, 분수, 소수와 같은 기본적인 수 체계에 대해 배우게 됩니다. 이렇게 배운 수를 응용하는 방법으로 1~4학년 때에는 자연수를 중심으로 한 사칙연산, 또 3~6학년 때에는 분수, 소수를 대상으로 한 사칙연산을 배우게 되는데요, 이때 아이들의 첫 번째 고비가 찾아옵니다. 바로 '분수와 소수의 사칙연산'입니다. 이 첫 고비를 무사히 넘기기 위해서는 우선 분수, 소수에 대한 개념을 최대한 이해할 수 있는 다양한 방법들(EBS MATH 등의 영상 매체, 독서 등)을 시도해보시기 바라며, 그 기초가 되는 자연수의 사칙연산부터 다시 잡아주시면 좋습니다.

중학교로 올라가면 초등 때 배웠던 수 체계가 실수 범위까지 확대됩니다. 〈수와 연산〉 파트는 새로운 범주의 '수 개념을 배우

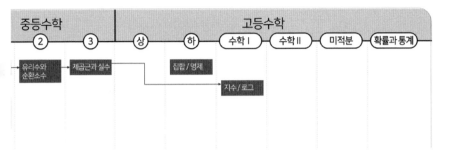

고 이 수를 이용한 사칙연산을 연습'하는 패턴이 반복되므로 사칙
연산에 대한 기본적인 이해와 꼼꼼한 연습은 이 시기에도 필수입
니다. 중등, 그리고 고등의 고학년으로 올라갈수록 계산력이 뒷
받침되지 못하면 답의 정확도가 떨어져 다양한 파트에서 오답이
속출합니다. 개념을 이해하고도 오답을 낼 확률이 높아지므로 아
이들은 쉽게 좌절하고 수포자의 길로 들어서지요. 그러니 초등학
교 때 계산력(속도 및 정확도)을 충분히 다질 수 있도록 지도해주세
요. 수학을 포기한 아이도 다시 한 번 일어설 수 있는 기회가 찾아
온다고 말씀 드렸지만 그것은 연산력이 뒷받침되어야 가능하다는
점, 명심하시기 바랍니다.

부록 구멍 없는 내신 관리를 위한 수학 연관 단원맵 활용법

2. 문자와 식

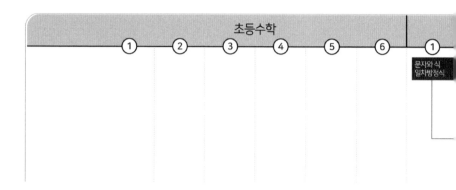

초등 수학과 중등 수학의 가장 큰 차이점은 실제적인 수에서 추상적인 수로 개념이 확장되면서 '문자'를 이용한다는 것인데요, 이것이 아이들에게 또 하나의 큰 고비로 다가옵니다. 문자가 미지수였다가 상수도 되고…? 등등 왜 그런지 도통 이해할 수가 없는 거죠. 이렇게 숫자를 문자로 대체하는 것에 대한 정확한 이해가 없는 상태에서 하는 문제풀이는 그야말로 백해무익입니다. 때문에 문자에 대한 이해가 무엇보다 우선되어야 하는데요, '이항', '방정식', '항등식'에 대해서도 문제의 답을 내는 데 치중하지 말고 정확한 원리를 이해하게 해주셔야 합니다. 이렇게 학습된 개념들은 부등식, 함수까지도 확장되는데, 이 방정식–부등식–함수의 연결선상에서 많은 아이들이 또 다시 좌절을 경험합니다.

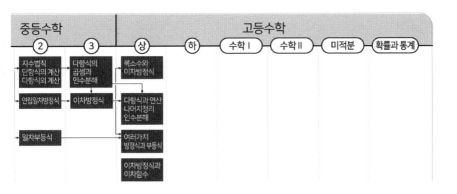

　　중등 1학기 기말고사 범위에는 보통 '활용'이라고 하는 '문장제' 문제들이 본격적으로 나오기 시작하는데요, 수학적 이해능력, 계산력과 더불어 문제를 해석할 수 있는 독해력까지 필요한 파트입니다. 활용 문제의 정복은 결코 하루아침에 이루어지지 않습니다. 수학 문제 풀이에도 필수적인 부분이지만 학년이 올라갈수록 과목을 불문하고 문제 해석 능력이 중요해지는 만큼 초등 시기부터 독해력을 키울 수 있도록 지도해주셔야 합니다. 그리고 '일상적 어휘력'과 '수학적 어휘력'은 다르다는 것도, 다시 한 번 기억해주세요.

3. 규칙성, 함수

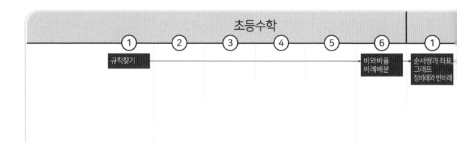

고등 수학으로 갈수록 규칙성을 다룬 단원들이 많이 등장합
니다. 초등 저학년 때에는 놀이, 추리와 같은 개념의 쉬운 규칙성
을 연습하지만 5, 6학년군이 배우기 시작하는 비와 비율, 비례식
과 비례배분은 개념을 정확하게 익힐 수 있도록 신경을 써주셔야
합니다. 이때 익힌 규칙성들이 중고등 과정 함수의 근간이 되기
때문인데요, 그 중요도만큼 원리와 패턴이 익숙해질 때까지 많은
연습이 필요한 파트입니다.

'함수'는 고등 수학의 꽃입니다. 그리고 그 기본 개념을 중등
과정 전반에 걸쳐 배우게 됩니다. 중1 과정의 반비례, 정비례가
함수의 기초 영역이니 '변화하는 양 사이의 관계' 개념을 정확하게
이해하도록 해주세요. 2학년 1학기, 3학년 1학기의 일차함수–이
차함수 단원과의 연장선상에서 학습하면 더 좋습니다. 앞서 추천

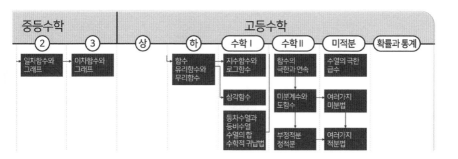

드린 함수 관련 수학도서를 읽히시는 것도 좀 더 확장된 개념으로서 함수를 받아들이는 데 도움이 됩니다.

우리 아이가 고등학생이 되어 배우는 수학 교과의 80% 정도는 함수와 관련된 내용입니다. 함수는 그 기본 원리를 학습한 후에 2차 이상의 방정식, 함수, 부등식, 미분, 적분 등을 넘나들며 고등 수학을 쉽게 다룰지, 어렵고 두려운 존재로 접하게 될지 기로에 서게 만드는 파트입니다. 게다가 필연적으로 그래프 그리기를 동반하기 때문에 단순히 계산을 잘하는 데 머물지 않고 원리를 제대로 익히고 실제 활용해본 학생들에게 더 쉽습니다. 단순 공식 대입과 요령만으로 정답만을 맞춰온 건 아닌지 걱정되신다면 '함수' 개념과 정의에 대해 잘 알고 있는지 반드시 질문해보세요. 고등수학에서 함수가 약점이 되면, 고득점은 포기해야 합니다.

4. 도형, 기하

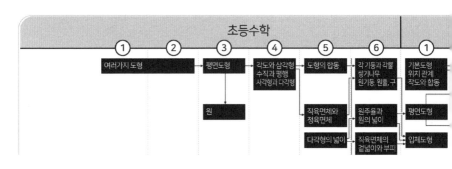

초등학교 때 다진 도형의 기본이 중등 도형의 근간이 되고, 이렇게 다져진 중등 도형 개념이 고등 기하 파트에서 제 힘을 발휘합니다. 도형이나 공간에 대해 감각을 키우지 못한 아이들은 5~6학년의 도형 파트부터 고등 과정까지 '도형'만 나오면 골머리를 썩습니다. '우리 아이는 도형/공간 감각이 없어'라고 뒤늦게 낙담하지 마시고, 초등학교 저학년 때부터 직접 만지고 관찰하고 그려보는 도형 학습에 신경을 써주세요. 중등에서는 2학기 과정이 대부분 도형 관련 단원들입니다. 기하 영역은 고등 수학과의 연계성이 낮아 중등에서는 각 학년 1학기 때 배우는 대수 파트에 좀 더 치중하여 학습하는 경우가 많은데요, 그렇다고 대충 배우면 정말 큰일 납니다. 고등 때 배우지 않지만 중학교 때까지 배운 기하는 누적 범위로서 때로는 고난도 문제의 '키'가 되기 때문입니다. 그

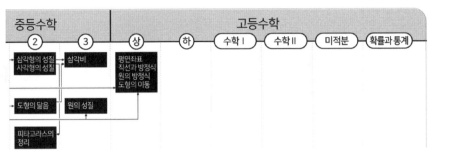

래서 저는 개인적으로 '중등 기하'가 매우 중요하다고 생각하여 심화 수준까지 지도하는 편입니다. 특히 중등 과정 중 가장 소홀히 다루기 쉬운 3학년 2학기 기하는 사실 고1 수학과 매우 직접적인 관련이 있습니다. 하지만 입시 일정 등 다양한 원인으로 학교에서도 제대로 수업을 진행하지 못하는 경우가 많습니다. 상황이 이렇다 보니, 고등 선행이 급한 학생들은 개념만 익히고 쉽게 넘어가는 파트이기도 하죠. 하지만 이 책을 읽으신 부모님들께서는 중등 기하가 고등 수학의 극상위권의 가르는 '키'가 된다는 사실을 꼭 명심하시고 기하 문제는 공식 암기 위주가 아닌 시간을 들여 생각하고 고민하고 증명하는 시간을 갖게 하셨으면 합니다. 그 과정에서 수학 교육의 중요한 목표 중 하나인 '문제 해결력', '논리력', '사고력'도 함께 증진됩니다.

5. 측정, 자료와 가능성, 확률과 통계

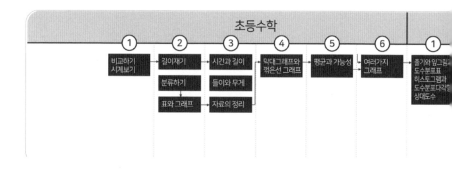

이 영역에서는 양, 시간, 길이, 무게 등의 실생활과 관련된 다양한 활동들을 단계적으로 배웁니다. 실생활과 연계성이 높아 아이들의 수학적 흥미를 끌어올 수 있는 파트로 교과서나 관련 도서 등에서 배운 것들을 실생활에서 접목해볼 수 있도록 지도해주시면 좋습니다. 특히 단위 환산에 어려움을 겪는 아이들은 중점적인 연습과 때로는 '암기'가 필요하기도 합니다.

초등학교 때 배우는 띠/원/그림 그래프는 중고등과정에서 다시 배우지는 않습니다. 하지만 중고등 과정에서도 거의 매 학년마다 통계/확률 파트를 배우고 있고, 실생활과 관련 또한 높으므로 가볍게 여겨 대충 익히지 말고 꼼꼼히 따져보는 연습을 시켜주셔야 합니다. 또한 통계 파트는 계산의 정확도와 큰 연관이 있으므로 아이들이 질리기 쉽습니다. 중학교 1학년 2학기의 통계 파트에

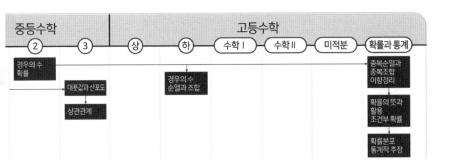

서 어려움을 겪지 않도록 초등학교 때부터 꼼꼼하게 계산하는 습관을 만들어주시기 바랍니다.

　확률 파트는 초등 고학년부터 시작되어 중학교 2학년 2학기 때 한 차례 고비로 다가옵니다. 고등학교에 진학해서는 문/이과를 막론하고 배워야 하는 필수 단원 중 핵심 파트이지요. 제가 경험 해본 바에 의하면 수학적 감각과 확률 파트 간에는 높은 상관관계 가 있었는데요, 합리성에 의해 확률 문제를 감각적으로 풀어내는 아이도 있는 반면에 '또 다른 경우가 있지 않을까'라는 불안감으로 (성적은 잘 나오더라도) 괴로워하는 아이도 있습니다. 그러니 고 등 확률과 통계의 기반이 되는 중1,2,3학년의 2학기 확률과 통계 단원을 절대 가볍게 넘기지 마시고, 공식 암기보다는 원리에 입각 한 개념 공부를 제대로 할 수 있도록 지도해주시기 바랍니다.

지금까지 초중고 수학의 전반적인 내용을 연관단원맵과 영역별 중요 포인트를 중심으로 살펴보았습니다. 그렇다면, 좀 더 구체적으로 들어가서, 연관단원맵과 후행-현행-선행을 어떻게 연결하여 수학 학습에 활용할 수 있을까요? 〈수와 연산〉 파트에서 아이들이 가장 처음으로 어려움을 겪는다는 '분수'로 예를 들어 설명해보겠습니다. 이 과정을 잘 이해해두셨다가 다른 영역과 개념에도 꼭 접목해보시기 바랍니다. 준비물은 이 책의 부록인 〈2015 개정교육과정 반영 수학 연관단원맵〉과 5장의 〈학년별 취약 포인트와 체감 난이도〉, 추천 도서 중 아이와 함께 고르신 수학사전입니다. 우선, 아이의 지금 학년과 상관없이 분수의 뿌리를 찾아가봅니다. 분수는 초등학교 3학년부터 멀리는 중학교까지 그 영향력을 끼치고 있습니다.

- 3학년 분수: 대상을 1로 보고 똑같이 나누는 분수 개념 이해하기

- 4학년 분수: 분수의 종류와 관계에 대해서 알고 분수끼리의 크기를 비교하는 기초 단계 이해하기

- 5학년 분수 이해의 기초: 분수의 덧셈과 뺄셈을 완전하게

이해하기 위한 과정으로 약수와
배수, 약분, 통분의 개념까지 이
해하기

- 5학년 분수: 분수의 크기 비교, 덧셈, 뺄셈, 곱셈의 원리까
  지 이해하고 계산하기

- 5학년 분수의 확장: 비와 비율의 개념을 이해하고 분수로
  나타내기

- 6학년 분수: 분수의 나눗셈의 원리 이해하기

- 6학년 분수의 확장: 비례식과 비례배분을 알고 분수 활용
  하기

- 중등 분수의 확장: 확률의 개념을 이해하고 활용하는 데
  쓰이는 분수 이해하기

이렇게 찾은 분수의 전체 흐름 중 우리 아이에게 부족한 부
분은 어디인가요? 앞 장에서 추천한 〈에듀넷 티클리어〉나 〈EBS

Math〉의 진단평가 기능을 활용해서 특별히 부족한 부분을 찾고 교과서, 개념서, 문제집, 멀티미디어 자료, 수학도서 등을 활용하여 개념부터 다시 다져줍니다.

분수는 어려운 만큼 중요하기도 해서 '분수의 완성이 곧 초등 수학의 완성'이라는 이야기도 있습니다. 보시는 것처럼 분수의 덧셈과 뺄셈을 하기 위해서는 단순히 사칙연산의 기능을 배우는 것에 그치지 않고 약수와 배수, 약분, 통분의 개념까지 정확하게 알고 있어야 합니다. 이는 분수가 비와 비율, 비례식과 비례배분, 확률까지 확장되는 개념이기 때문인데요, 이것이 바로 제가 수학 연관단원맵의 활용을 적극 강조 드리는 이유입니다. 우리 아이가 어려워하거나 부족한 다른 개념들 또한 예시처럼 연관단원맵과 이 책, 수학사전 등을 가지고 정확하게 그 뿌리를 찾아 연결하고, 또 보충 학습을 통해 결손 없이 앞으로 나아갈 수 있게 도와주시기 바랍니다. 물론 처음에는 부모님이 주도적으로 하시지만 반드시 아이와 함께 하여야 하며 학습의 주도권을 조금씩 넘겨주셔야 한다는 것, 절대 잊지 마시고요.

수업이 즐겁고 시험이 두렵지 않은
내신만점
수학 공부법

초판 1쇄 발행 | 2020년 4월 28일
초판 2쇄 발행 | 2020년 9월 2일

지은이 | 주단
발행인 | 윤호권 · 박헌용
책임편집 | 정은미

발행처 | 지식너머
출판등록 | 제2013-000128호

주소 | 서울특별시 서초구 사임당로 82(우편번호 06641)
전화 | 편집 (02)3487-4750, 영업 (02)2046-2800
팩스 | 편집 · 마케팅 (02)585-1755
홈페이지 | www.sigongsa.com

ISBN 978-89-527-7368-5 13370

지식너머는 ㈜시공사의 브랜드입니다.